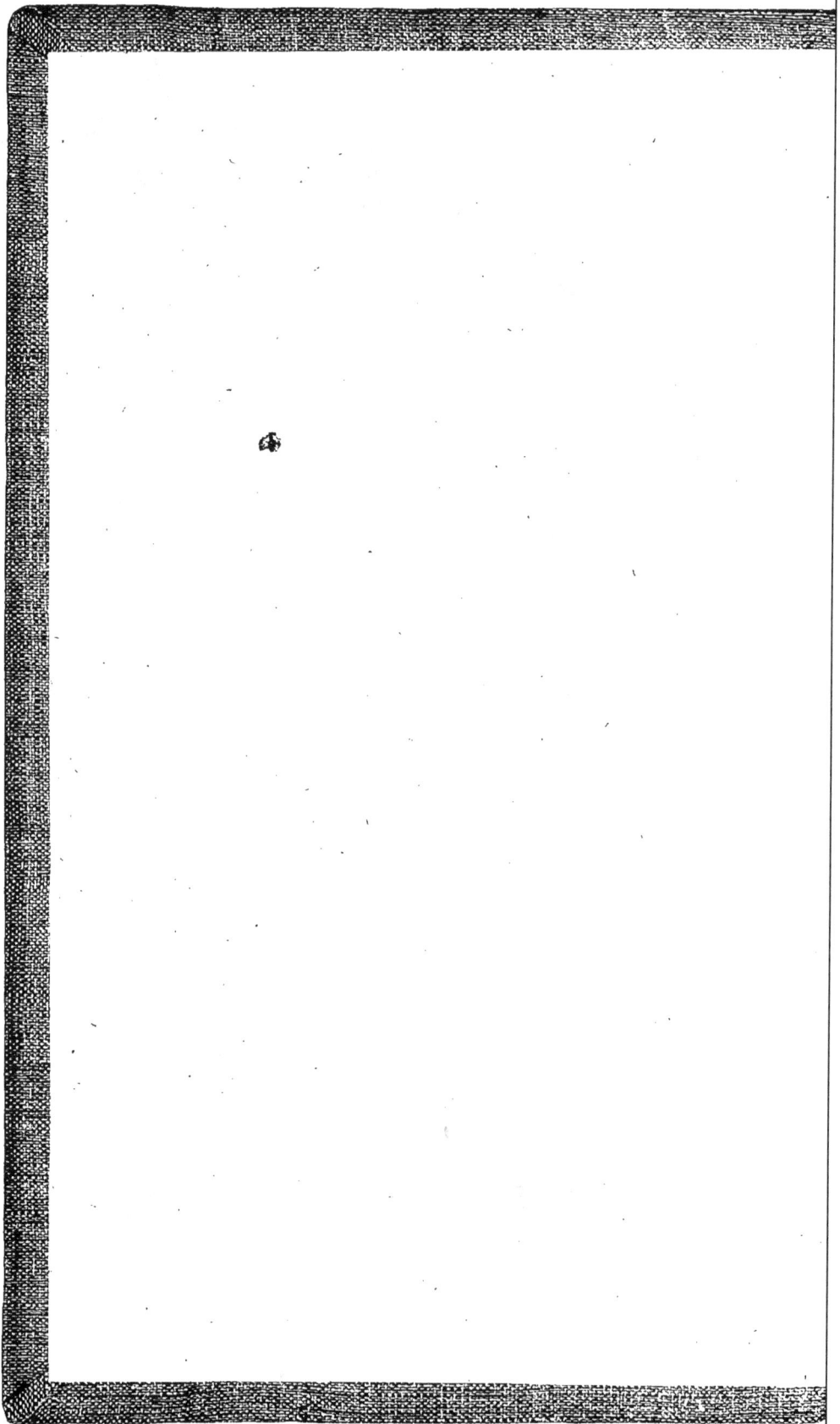

UN LIVRE D'OR

DE LA

MARINE FRANÇAISE

COMMANDANTS D'ESCADRES

DE DIVISIONS ET DE BATIMENTS DE GUERRE

Morts à l'ennemi de 1217 à 1900

PAR MAURICE DELPEUCH

LIEUTENANT DE VAISSEAU

BERGER-LEVRAULT ET Cᴵᴱ, ÉDITEURS

PARIS | NANCY
5, RUE DES BEAUX-ARTS | 18, RUE DES GLACIS

1900

UN LIVRE D'OR

DE LA

MARINE FRANÇAISE

DOCUMENTS CONSULTÉS

ARCHIVES DU MINISTÈRE DE LA MARINE.

ARCHIVES DES ARMEMENTS DES PORTS DE BREST, LORIENT ET TOULON.

ANNALES MARITIMES DE 1818 A 1841.

MONITEURS DE LA FLOTTE DEPUIS 1852.

JOURNAL DE BORD DE SUFFREN.

GUERRES MARITIMES DE L'AMIRAL J. DE LA GRAVIÈRE.

LES MARINS AU SIÈGE DE PARIS, par le vice-amiral de La Roncière
Le Noury.

HISTOIRES DE LA MARINE, DE GUÉRIN, LAPEYROUSE, BOISMÉLÉ, ETC.

BATAILLES NAVALES DE TROUDE.

PRÉCIS HISTORIQUE DE LA MARINE ROYALE DE FRANCE, ouvrage fait
par ordre du Gouvernement, dédié à M. de Sartines, secrétaire
d'État au département de la marine, par Poncet de la Grave,
conseiller, procureur général de Sa Majesté au siège général de
l'amirauté de France (1780).

HISTOIRE DE LA DERNIÈRE GUERRE entre l'Angleterre, les États-Unis
d'Amérique, la France, l'Espagne et la Hollande de 1775 à
1783, par Boucher (1788).

UN LIVRE D'OR

DE LA

MARINE FRANÇAISE

COMMANDANTS D'ESCADRES

DE DIVISIONS ET DE BATIMENTS DE GUERRE

Morts à l'ennemi de 1217 à 1900

PAR MAURICE DELPEUCH

LIEUTENANT DE VAISSEAU

BERGER-LEVRAULT ET Cᴵᴱ, ÉDITEURS

PARIS

NANCY

5, RUE DES BEAUX-ARTS

18, RUE DES GLACIS

1900

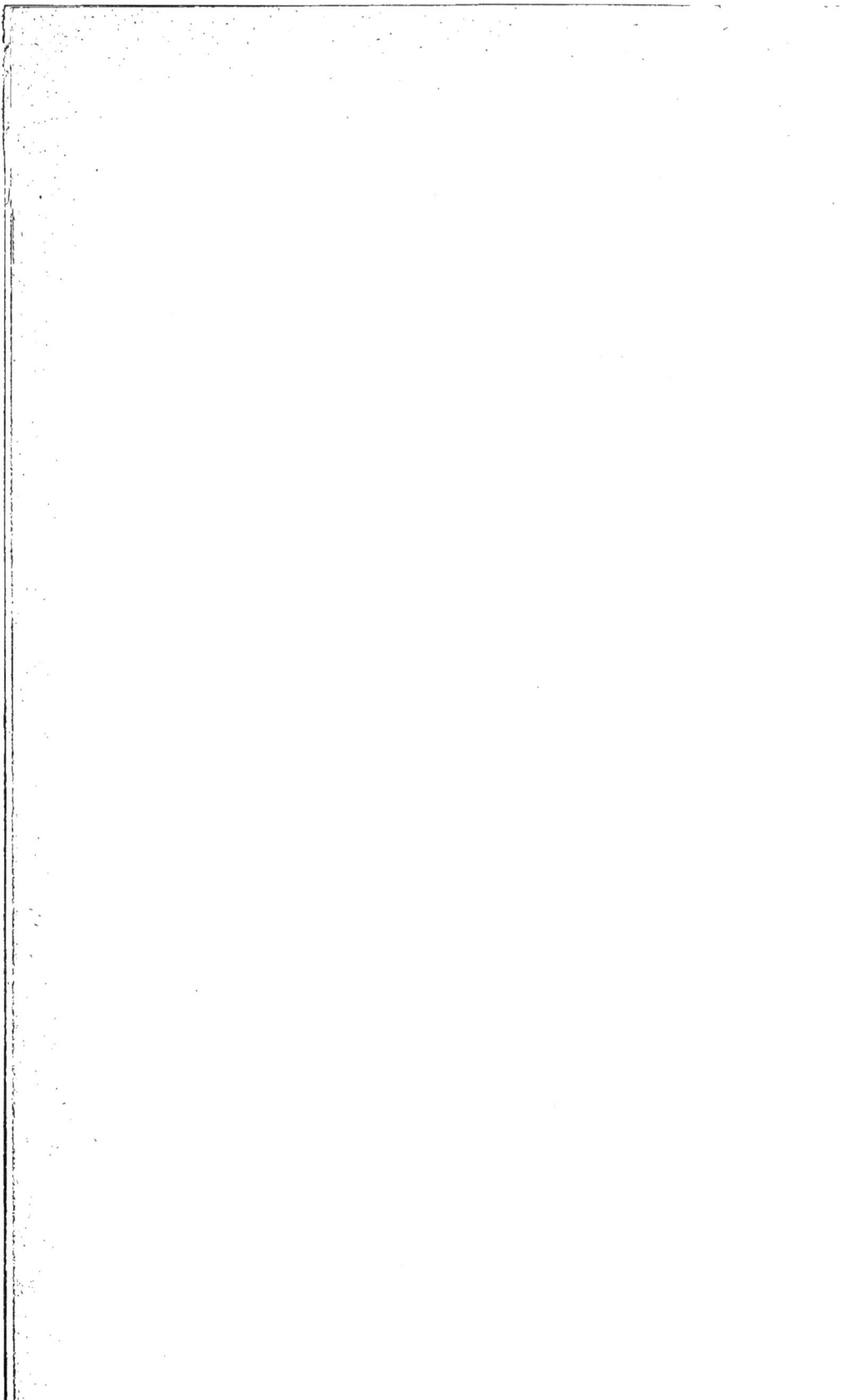

A celui qui

par le noble exemple d'une vie toute d'honneur et de travail,

m'a montré ce que devait être un officier,

A MON PÈRE

JE DÉDIE CE MODESTE OUVRAGE

INTRODUCTION

On dit qu'il est de mode aujourd'hui de découvrir des grands hommes. Je ne blâmerai pas ces nouveaux errements, si errements il y a. Car si, parfois, l'opinion publique se trompe et décerne la palme de l'immortalité à des médiocres, au fond, c'est un sentiment touchant, celui de faire revivre et d'honorer la mémoire d'hommes ayant rendu service au pays, qui se manifeste ainsi. Pour quelques citoyens inconnus dont les noms eussent pu rester dans l'oubli, beaucoup de modestes héros, savants méconnus ou obscurs soldats, voient en effet leurs noms reparaître à la lumière, entourés de l'auréole méritée du génie ou du sacrifice.

J'ai tenté, dans ce livre, de faire, pour la marine, ce que d'autres ont fait pour leur pays, leur province ou leur ville natale.

L'Histoire de la Marine appartient à l'Histoire de notre patrie, et néanmoins elle est peu connue. Cependant, comme leurs camarades de l'armée, les officiers de marine furent toujours au premier rang de ceux qui, sans compter, versèrent généreusement leur sang pour sa défense ou sa grandeur.

Chose curieuse, l'histoire des milliers de braves officiers qui tombèrent frappés à mort sur le pont de nos bâtiments de guerre n'a jamais été écrite. Oubli injuste que j'essaie de combler en partie.

Quand on aura parcouru la liste de leurs noms, presque tous oubliés aujourd'hui, quand on aura lu les récits succincts de leur dévouement et de leur héroïsme, peut-être le lecteur pardonnera-t-il la sécheresse et la monotonie un peu inévitables d'une pareille énumération, et excusera-t-il l'auteur d'avoir voulu ajouter une modeste pierre à l'édifice grandiose qu'est l'Histoire du corps de la Marine.

Mon intention avait été d'abord de faire une sorte de livre d'or des héros d'autrefois. Puis, en réfléchissant combien il était difficile — à quelqu'un dont les simples notes sur notre histoire maritime ne peuvent être considérées que comme un effort de bonne volonté — de se permettre de faire des distinctions entre tel ou tel brave mort à l'ennemi, j'ai résolu d'étendre le champ de mon travail, et de publier la liste des officiers de marine, depuis l'amiral jusqu'à l'enseigne, tombés dans l'exercice du commandement d'un navire de guerre.

Ayant consulté toutes les sources historiques que j'ai pu avoir à ma disposition, depuis les nombreux volumes d'histoires contenus dans les bibliothèques des ports, jusqu'aux archives du ministère de la marine (transférées depuis peu aux archives nationales), je crois pouvoir affirmer que mes listes sont aussi complètes que possible. Et cependant, j'avoue qu'il est bien difficile de se fier même aux archives. Pour en donner un exemple, je dirai que, au moment où j'étais sur le point de terminer mon travail, le catalogue des archives de la marine a paru. M'étant hâté de le consulter, j'ai découvert qu'il existait, au titre C¹. 155, un volume qui m'avait échappé et qui contenait les listes suivantes :

1° Officiers ayant quitté le service (1649-1742).
2° Officiers tués ou morts à la mer (1646-1750).
3° Officiers interdits, cassés ou prisonniers (1669-1752).
4° Officiers dont les vaisseaux ont été pris, perdus ou abandonnés (1670-1745).
5° Table des officiers morts ou retirés (1691-1770).
6° Officiers des départements du Havre et de Rochefort blessés au service du Roy (1693 et 1721).

Eh bien, si les recherches faites dans un document aussi précis et aussi authentique m'ont permis de recueillir une quinzaine de noms qui me manquaient, j'ai pu constater, qu'en revanche, plus de trois ou quatre fois autant de noms, que je possédais, d'après des documents indéniables, n'étaient pas renfermés dans ces archives ! Je parle ici des officiers-commandants, car la partie des archives dont je viens de parler m'a fourni les noms d'un assez grand nombre d'officiers subalternes tués dans les guerres de 1650 à 1750, noms que je ne possédais pas avant de l'avoir consultée.

Pour les noms contenus dans la première partie de cet ouvrage, c'est-à-dire ceux des officiers généraux et des commandants *de navires, je puis donc donner mes listes comme complètes. Pour ce qui est des noms contenus dans la deuxième partie, notamment dans les appendices II, IV, VII, XIII, XIV et XVII, je puis faire la même affirmation, en me retranchant seulement derrière la restriction que j'ai faite plus haut, touchant les lacunes existant dans les archives elles-mêmes.*

On remarquera que le premier capitaine de frégate cité comme tué ne date que de 1793. Et l'on sait pourtant que le grade de « capitaine de frégate légère », créé à la fin du XVII⁰ siècle, fut supprimé en 1722, pour être rétabli en 1762 et de nouveau supprimé vingt-quatre ans plus tard. Mais il semble que ce grade n'ait été, en réalité, qu'une fonction et un titre, car on disait le plus souvent : « M. X..., lieutenant de vaisseau, capitaine de frégate légère » ou mieux « capitaine de telle frégate ». Il est vrai que ces officiers avaient le pas sur les autres lieutenants de vaisseau. Mais aujourd'hui encore, les lieutenants de vaisseau commandants n'ont-ils pas, en service, le pas sur les autres officiers du même grade? Les anciens historiens ayant confondu volontiers les deux grades, il devenait impossible de s'y reconnaître¹. J'ai donc placé les « capitaines de frégates légères » parmi les lieutenants de

---

1. *Ce qui, d'ailleurs, prouve mieux que tout ce que l'on pourrait dire l'analogie entre les capitaines de frégates légères d'autrefois et les lieutenants de vaisseau commandants d'aujourd'hui, c'est l'ordonnance de 1690 (Archives de la marine, B² 75), décidant que* « les capitaines de frégate et de brûlot feraient le quart »

vaisseau, sans les mentionner quelquefois spécialement, faute souvent de pouvoir le faire.

*Un mot encore sur les enseignes. Ce ne fut qu'à la fin du XVII*e *siècle que les vaisseaux, prenant des états-majors identiques à ceux d'aujourd'hui, le mot d'enseigne devint un grade fixe et non une fonction. Auparavant, le titre de capitaine de vaisseau devant s'entendre dans le sens de « capitaine d'un vaisseau », l'enseigne nommé à un commandement quittait son appellation pour prendre celle-ci*[1]*. Les renseignements concernant les enseignes sont donc relativement récents et ont, par suite, des chances d'être complets.*

D'une façon générale, à l'exception de quelques noms cueillis dans la si intéressante Histoire des origines de la marine, *de M. de La Roncière, je n'ai pu guère donner des noms d'officiers subalternes morts avant 1550, et même, je ne puis donner les listes les contenant comme com-*

---

1. *On pourra constater, en parcourant ce livre, que des enseignes, des lieutenants ou des capitaines de vaisseau commandaient quelquefois, simultanément, des frégates. On peut expliquer cela par la différence des missions à remplir. Ne voit-on pas aujourd'hui des lieutenants de vaisseau commander les avisos type* Bombe, *alors que des capitaines de frégate commandent des navires type* Léger, *à bien peu de chose près identiques aux premiers. Mais il faut considérer aussi, qu'à ces époques éloignées, la faveur jouait un rôle énorme, et tel officier bien en cour, ne fût-il qu'enseigne, pouvait obtenir facilement ce qu'un officier plus haut gradé, mais moins en faveur, ne pouvait jamais avoir. Aussi, les navires étant souvent donnés à l'intrigue, on s'expliquera la lettre suivante écrite par Colbert, en date du 5 novembre 1666, à Colbert de Terron, intendant à Rochefort :* « Observez que le roi ne veut point du tout introduire que les capitaines se choisissent des vaisseaux en quelque façon que ce soit..... Le premier qui en demandera un ce sera celuy qu'il ne montera point, se réservant de bien considérer la valeur et mérite des capitaines pour leur donner des vaisseaux suivant cette proportion. »

plètes, qu'à partir du combat de Saint-Tropez (février
1638).

Avant le XVIIIe siècle, les documents concernant le détail
des pertes subies dans chaque combat sont très incomplets, car
il fallait qu'un officier fût de bonne noblesse pour que son
amiral pensât à relater sa mort, dans le rapport d'ailleurs
souvent très succinct qu'il donnait sur l'engagement qui venait
d'avoir lieu [1].

Malgré, ai-je déjà dit, la monotonie apparente d'une telle
énumération, il ne sera pas sans fruit de la consulter : tout
acte de bravoure ne peut d'ailleurs laisser sur l'esprit qu'une
empreinte utile, et on verra que bien nombreux sont les capitaines à la mort desquels est accolée une note héroïque. Ils
sont en effet légion, les officiers qui, depuis le brave Fricambault refusant, lors de l'affaire de Vigo, de quitter son navire
auquel il avait mis le feu lui-même et s'engloutissant avec
lui, jusqu'à Duperré poussant le cri fameux : « Coule, je n'a-
mène pas ! », qui ont su combattre, non seulement avec le
plus grand courage, ce qui fut toujours, mais aussi parfois,
qu'on me pardonne l'expression, avec panache !

On trouve dans les trop rares mémoires des officiers du

---

1. On ne trouve pas dans la correspondance de Tourville le nom d'un seul de
ses capitaines tués à la Hougue. L'on pourra constater qu'il y en eut trois. Lire
dans Jal (Ab. Duquesne et son temps), pour se rendre compte de l'indifférence du
grand capitaine pour les gens qui tombaient autour de lui, la lettre qu'il écrivit
au ministre après le naufrage du Sans-Pareil (octobre 1679). On y constatera
même plus que de l'indifférence : une véritable sécheresse de cœur.

*xviie et du xviiie siècle, des récits et des anecdotes d'une naï-
veté charmante, qui prouvent combien peu de chose était une
bataille pour les officiers de cette époque[1] et quel souverain
mépris ils avaient de la mort! Il est vrai que ces sentiments*

---

1. *Le type de ces mémoires se trouve à la bibliothèque de Brest : « Mémoires du
marquis de Villette (lieutenant-général à la fin du xviie siècle) ». Il est impossible
d'être plus joliment dédaigneux que cet officier quand il parle de bataille et les
phrases comme celles-ci pullulent : « J'eus l'honneur de me battre deux heures
contre M. Ruyter et un de ses seconds* (sans compter un petit vaisseau qui se
désespérait à cause que je le méprisais). *Il s'est fait des plaisanteries là-dessus ;
enquérez-vous-en du major ». Or le marquis de Villette avait reçu dans cet engagement plusieurs fortes contusions et 15 de ses officiers ou gardes avaient été mis
hors de combat ! A un autre moment il écrit :*

« *Les gardes de la marine ont fort bien fait..... Le petit Rossac a eu une cuisse
emportée ; c'est dommage ! » Et qu'on ne croie pas que c'est par dureté de cœur
qu'il parlait ainsi. Certes, un père qui menait son fils, âgé de 12 ans, assister à ces
boucheries ne devait pas avoir l'âme bien tendre. Mais quand il parle des ennemis
et des vaincus, d'indifférent ou railleur, le ton du vaillant lieutenant-général s'élève
et devient ce qu'il doit être. Après le combat de Palerme il écrit dans une lettre :
« J'étais à portée de mousquet de l'Amiral d'Espagne quand il sauta en l'air et
j'admirai la fermeté extraordinaire de deux cents officiers réformés qui n'abandon-
nèrent jamais ce vaisseau et qui donnèrent à tout l'équipage l'exemple de périr en
combattant, sans qu'on vît un seul homme, de 1000 ou 1100 qu'il y avait, se jeter
à la nage pour se sauver à terre, quoiqu'il n'y eût qu'une portée de fusil et que les
courants y portassent. » (Ce vaisseau avait été incendié par le brûlot du capitaine
Honorat.)*

*Dans la correspondance de l'archevêque de Bordeaux, on trouve la jolie lettre
suivante, envoyée par lui au duc de Ferrandine, amiral espagnol qui, après s'être
vanté de battre les Français, était allé se réfugier à Gênes, à la nouvelle de l'ap-
proche de nos galères :*

« *Monsieur,*

« *Si vous avez été aux îles Sainte-Marguerite chercher les 18 galères du Roi que
j'ai l'honneur de commander, avec pareil nombre, comme toute l'Italie le publie,
je m'assure que vous aurez joie que j'aie quitté l'armée de Sa Majesté pour vous
les amener et vous en faciliter la rencontre, les six vaisseaux qui les suivent ne
vous devant point faire ombrage, car on les peut éloigner à la mer ou les mettre
en dépôt dans le port de Gênes, de sorte que toute appréhension en peut être levée.
La générosité que vous professez et la vertu que vous avez toujours fait paraître,
et que j'honore à un haut point, m'a fait venir de deux cents milles d'ici pour
vous donner cette satisfaction et vous témoigner par là que je suis, etc..... »*

étonnent moins quand on considère que ces hommes couraient les mers en se battant depuis leur plus tendre enfance[1].

De même plus tard, pendant la sombre époque des guerres maritimes de la Révolution et de l'Empire, nos rudes commandants, dont beaucoup étaient frères de ce brave général qui « savait bien f.... un coup de sabre, mais ne connaissait rien aux mathiques », *surent trouver, au moment de la mort, de ces mots admirables,* « mâchés comme une balle », *qui seraient connus de tous les enfants de nos écoles s'ils avaient été prononcés par un héros de l'antiquité*[2].

On ne peut douter que les officiers actuels ne sachent à l'occasion se conduire comme leurs aînés. Mais il est bon et réconfortant de lire les héroïsmes du passé. Et puis, je le répète,

---

1. *Au combat de Saint-Tropez (1638), Côme II de Valbelle avait à ses côtés, quand il fut tué, son petit-fils âgé de 9 ans.* (Histoire de la marine, *Guérin, Troude, Boismélé, etc.*).

En 1675, après la prise d'un fort, on fut obligé de consoler un petit garde de 10 ans, le deuxième Philippe de Valois, qui pleurait à chaudes larmes « parce que, n'ayant pas été blessé comme quelques-uns de ses camarades, son nom ne serait pas dans les gazettes. » (Correspondance de Tourville.)

L'année suivante, à la bataille de Messine, le fils de M. de Villette, le comte de Mussay, âgé de 12 ans, criait en voyant les Hollandais plier : « Voici ces coquins qui fuient ! » (Lettre de Mme de Maintenon à la marquise de Villette.) *Ce brave enfant fut blessé à la bataille d'Agosta où fut tué Ruyter (de la même à la même en date du 7 juin 1676). Son père ne parla même pas de la blessure de son fils, laquelle d'ailleurs n'était pas très grave.*

2. *Voir : aux officiers généraux :* Brueys; *aux capitaines de vaisseau :* Camas; *aux capitaines de frégate :* Le Tartu, Trobriant.

On sait que beaucoup de ces braves descendaient des promotions faites en 1794, avant et après la bataille du 13 prairial, et que plusieurs d'entre eux ne savaient ni lire ni écrire. Cela n'a rien de surprenant si on se rappelle que Marat et Hébert avaient décrété, le 15 février 1794, que savoir lire et écrire était le fait d'un aristocrate. (Archives de la marine.)

j'ai eu un peu la prétention de faire revivre beaucoup d'entre eux ensevelis dans un injuste oubli et peut-être quelqu'un de mes camarades aura-t-il l'émotion de retrouver dans cette liste le nom d'un glorieux ancêtre?

En tout cas, j'ai pensé qu'une pareille liste devait être établie.

La marine est trop modeste: elle ne parle pas assez de ses héros: peut-être ne les connait-elle pas assez?

Pendant les recherches auxquelles je me suis livré, j'ai été arrêté par une sorte de scrupule pour introduire les noms de certains officiers: j'avais eu d'abord l'intention de dresser la liste des commandants « tués à bord des navires de guerre ». Mais il m'eût fallu laisser de côté des hommes tels que d'Iberville ou Courbet.

Or on serait, à mon avis, mal venu de prétendre que ces officiers, morts épuisés par de pénibles campagnes de guerre, ne sont pas « morts à l'ennemi ». De même, le capitaine du Tourville, tué en pleines guerres de la Révolution, la poitrine défoncée par une écoute de grand'voile, en mettant lui-même la main à la manœuvre afin d'entraîner son équipage mutiné, doit être évidemment considéré comme mort à l'ennemi.

Et les nombreux capitaines de navires disparus corps et biens, devaient-ils être aussi oubliés? La mer n'est-elle pas, autant et souvent plus que la mitraille, un terrible ennemi des marins? Il serait injuste de le nier. D'où le titre de « mort à l'ennemi » que j'ai employé. D'ailleurs le nombre d'officiers morts autrement que par combat ou naufrage, que j'ai cités, ne s'élève pas à plus d'une dizaine sur plusieurs centaines de noms contenus dans cet opuscule.

MAURICE DELPEUCH

UN LIVRE D'OR

DE LA

MARINE FRANÇAISE

>–◁▷◁—

OFFICIERS GÉNÉRAUX

——

Le moine Eustache [1], Amiral d'une escadre du roi Louis VIII.

Tué dans la sentine de son propre vaisseau, par Richard, bâtard du roi Jean d'Angleterre, à la suite d'un combat dans lequel l'escadre française avait été vaincue. 27 août 1217.

Florent de Varenne, Amiral de la flotte de saint Louis dans la 2ᵉ croisade.

Tué devant Tunis, le 4 septembre 1270.

Enguerrand de Bailleul, Amiral de France.

Tué devant Aigues-Mortes dans un combat contre la flotte de Loria (guerre d'Aragon), 10 septembre 1285.

———

[1]. Ce personnage semble, d'après les chroniqueurs, avoir eu, à l'époque où il vivait, une réputation assez douteuse. Moine défroqué, pirate renommé, il fut pris comme chef d'une escadre à cause de son expérience de la mer. Il n'en est pas moins mort pour la France, et son nom doit trouver place ici.

Michel du Mans, Amiral de France.

Décapité dans la citadelle de Maële près de Bruges, lors de la prise de cette place, en mai 1302 [1].

Hue Quiéret, Amiral de la mer.

Tué à la bataille de l'Écluse, le 24 juin 1340 [2].

Béhuchet, Vice-amiral de France, Trésorier du roi.

Tué à la bataille de l'Écluse, le 24 juin 1340 ; ayant blessé à la cuisse, dans un combat singulier, le roi d'Angleterre Édouard III, celui-ci le fit pendre au grand mât de son vaisseau [3].

Jean de Vienne, Maréchal de Bourgogne, Amiral de France [4].

Tué à la bataille de Nicopolis, le 6 décembre 1396.

---

1. Cet héroïque amiral, chargé de garder les approvisionnements de l'armée, n'avait avec lui que 17 hommes. Il parvint cependant à repousser pendant plusieurs heures les assauts furieux de plusieurs milliers d'ennemis.

2. Voir : Capitaines de vaisseau.

3. Béhuchet avait été nommé commandant d'escadre au commencement de l'année 1338. « Ce ne fut pas un médiocre étonnement que de voir un « trésorier royal, étranger à la mer, sauf qu'il possédait un fief dans l'île « d'Oleron, revêtir le pourpoint de soie dorée de capitaine d'armée navale. » (Origines de la Marine française, par M. de la Roncière, page 367.)

4. Charge créée en 1327 par Charles IV et qui concédait à son titulaire des bénéfices tels qu'il en faisait le seigneur le plus riche de France après le roi. Ce ne fut souvent qu'un titre. Le premier amiral avait été Pierre le Mège. L'amiralat fut supprimé en janvier 1627 et rétabli en 1669.
Compagnon d'armes du célèbre connétable du Guesclin, Jean de Vienne était né vers 1341 près de Besançon. Après avoir suivi ce dernier dans plusieurs de ses campagnes, il fut nommé amiral de France le 27 décembre 1373, en remplacement du vieil amiral Aimery de Narbonne. Voici le résumé des campagnes de cet amiral trop peu connu, qui fut cependant un terrible ennemi des Anglais.
1377. — Ravage des côtes anglaises. Prise et destruction des villes de Rye, Lewes, Folkestone, Portsmouth, Darmouth, Plymouth et de l'île de Wight. Incendie de Pool, des faubourgs de Winchelsea et d'Hastings. La haine contre les Anglais était telle, qu'après tous les débarquements où

Jacques de Châtillon, Amiral de France.

Tué à la bataille d'Azincourt en 1415.

Prégent de Coëtivy, sieur de Retz, Amiral de Bretagne et de France.

Tué par un coup de canon au siège de Cherbourg en 1450.

Hervé de Portzmoguer (plus connu sous le nom de Primauguet[1]), faisant les fonctions de Vice-amiral dans l'escadre de l'Amiral breton Jean de Thenouenel.

Mort dans l'incendie de son vaisseau *Marie-la-Cordelière,* accroché au vaisseau amiral anglais *Le Régent,* dont il était sur le point de s'emparer (combat du 10 août 1513).

Guillaume Gauffier, Seigneur de Bonnivet.

Tué à la bataille de Pavie en 1524.

Prégent de Bidoux, Général des galères.

Mort des blessures reçues en combattant un bâtiment turc en 1528.

---

l'on avait perdu du monde, les Français enlevaient leurs morts pour que la terre d'Angleterre ne gardât pas leurs dépouilles.

1378. — Bataille de Cherbourg, dans laquelle la flotte anglaise est complètement battue (juillet). Ravages sur les côtes anglaises, prise et sac de Fowey.

Mars 1380. — Prise de Jersey et de Guernesey.

Juin et juillet 1380. — Prise et sac de Winchelsea, Portsmouth et Hastings.

Août 1380. — Entrée dans la Tamise, destruction de Growesend, ravage des comtés d'Essex et de Kent. Alarme jetée dans Londres.

1385. — Expédition d'Écosse.

1. Hervé de Portzmoguer, descendant d'une antique famille de Plouarzel, était né, vers la seconde moitié du xve siècle, dans le pays du bas Léon.

Louis de Bure, sieur d'Espineville, Amiral d'une escadre du roi.

Tué le 11 août 1555, dans un combat livré dans la Manche à une escadre flamande dont une partie fut détruite.

Jean Ribaud, Général de la mer.

Massacré traitreusement par les Espagnols en revenant d'un voyage d'exploration en Caroline. 1565 [1].

Léon Strozzi, Vice-amiral de France.

Blessé mortellement dans un combat livré, aux Açores, à une

---

1. Cet amiral avait établi une colonie en Caroline. S'étant absenté avec une partie des soldats qu'il commandait pour faire une exploration dans l'intérieur, la colonie naissante fut surprise par les Espagnols, avec lesquels nous n'étions cependant pas en guerre. Le capitaine de vaisseau de Landouinière, laissé malade par Jean Ribaud, subit le sort des colons qui furent tous massacrés impitoyablement. L'amiral lui-même, tombé à son retour dans une embuscade, fut décapité, bien qu'il se fût rendu sur la promesse d'avoir la vie sauve, et sa tête fut envoyée en trophée en Europe. Ces Français étaient huguenots. Leurs cadavres, pendus aux arbres, portaient l'inscription : « Ceux-ci n'ont pas été traités de la sorte comme Français, mais comme hérétiques et ennemis de Dieu. » Le roi de France se contenta de porter plainte au roi d'Espagne !

Heureusement pour l'honneur des Français, il se trouva un brave, le gentilhomme Dominique de Gourgues, de l'ordre de Malte, qui, indigné de ce massacre, vendit tous ses biens, emprunta de l'argent et monta une expédition qui, le 2 août 1567, appareilla pour l'ancienne colonie française occupée par les assassins. L'expédition ne se composait que de 3 bâtiments légers montés par 100 arquebusiers, 80 matelots et quelques gentilshommes ! Les forts élevés par les Espagnols furent enlevés par surprise avec l'aide des Indiens qu'on avait gagnés. Tous les prisonniers furent pendus. Au-dessus des cadavres, de Gourgues fit suspendre l'inscription : « Je ne fais cecy comme à Espagnols, mais comme à traitres, voleurs et meurtriers. »

De Gourgues fut reçu triomphalement à son retour à la Rochelle. Mais il avait joué une grosse partie, car il est quelquefois dangereux de se conduire en patriote. Sur la plainte du roi d'Espagne, le héros fut obligé de se cacher pour échapper aux poursuites. Quelque temps après cependant, il fut relevé de disgrâce et, en 1582, Catherine de Médicis le fit nommer amiral de la flotte.

escadre espagnole commandée par le marquis de Santa-Cruz[1]. 25 juillet 1582.

Anne, duc de Joyeuse, Amiral de France.

Tué à la bataille de Coutras comme commandant de l'armée royale. 1587.

Bernard de Nogaret, Amiral de France.

Tué au siège de Roquebrune en 1592.

André de Brancas, sieur de Villars, Commandant une escadre.

Fait prisonnier dans un combat près de Dourlens et massacré sur l'ordre d'un officier espagnol. 1595.

De Cangé, Vice-amiral de la flotte du marquis de Brézé.

Disparu dans l'embrasement de son vaisseau *le Galion de Guise,* incendié par la maladresse d'un capitaine de brûlot, dans un combat devant Barcelone, le 30 juin 1642. Cet officier se refusa à quitter son vaisseau jusqu'au dernier moment.

Marquis de Brézé[2], Grand-maître de la navigation.

Enlevé par un boulet dans un combat naval devant Orbitello (côte de Toscane), sur le pont du *Saint-Louis,* le 14 juin 1646.

---

1. Les bâtiments français étaient de simples bâtiments de commerce nolisés, tandis que ceux des Espagnols étaient de vrais bâtiments de guerre, montés par des équipages exercés. 18 navires français seulement échappèrent sur 64, et furent ramenés par le vice-amiral comte Charles de Brissac. Les Espagnols firent 600 prisonniers ; tous, sans exception, furent mis à mort : les gentilshommes décapités, les roturiers pendus.

Les luttes sur mer avaient toujours eu jusqu'à cette époque un caractère d'atrocité. Au XIVe siècle, des flammes rouges hissées en tête de mât signifiaient guerre sans merci. « Cèles bannières signifient mort sans remède et mortelle guerre en tous les lieux où mariniers sont. » (*Cours d'histoire,* de Duruy. — École sup. de la marine.)

2. Armand de Maillé, duc de Fronsac et de Caumont, marquis de Gra-

François de Vendôme, duc de Beaufort, Grand-maître de la Navigation.

Tué dans une sortie devant Candie (île de Crète), assiégée par les Turcs, le 25 juin 1669.

De Rabesnières Treslebois, Chef d'escadre.

Blessé mortellement à la bataille de Southwood livrée par les escadres alliées de France et d'Angleterre, commandées par d'Estrées et le duc d'York, à l'escadre hollandaise commandée par Ruyter. — 16 juin 1672.

D'Almeiras, Lieutenant-général.

Tué au combat d'Agosta, à bord du *Lys,* 22 avril 1676.

François Davy, marquis d'Amfreville [1].

Mort en novembre 1692, des blessures reçues à la Hougue, le 29 mai de la même année.

---

ville et de Brézé, était né en 1618. Son père avait épousé une sœur de Richelieu. A 21 ans, il fut nommé au commandement d'une escadre dans la Méditerranée, puis fut général des galères sous la direction du comte d'Harcourt, chargé de guider le jeune officier général. Nommé, l'année suivante, au commandement de l'escadre du Ponant, il détruit devant Cadix une escadre espagnole. Deux ans plus tard, en 1641, il remporte de nouveau une éclatante victoire sur les Espagnols devant Barcelone. En 1642, il succéda à son oncle dans l'importante charge de grand-maître, chef et surintendant de la navigation. Comblé en outre de faveurs, il les justifia en battant de nouveau les Espagnols devant Carthagène. Il promettait de devenir un marin illustre quand il fut tué devant Orbitello, à l'âge de 27 ans.

1. D'Amfreville, né en 1628, au château d'Amfreville, près de Valognes, s'était distingué sous d'Estrées aux batailles de Walcheren et du Texel (1666) et, sous Du Quesne, à Stromboli et à Agosta (1676). En 1683, il prit part au bombardement d'Alger et, en 1684, à celui de Gênes où il fut grièvement blessé. En 1690, il fut fait lieutenant-général et prit une part brillante à la victoire de Béveziers. A la Hougue, il commandait l'avant-garde et, par son habileté et son dévouement, empêcha, pendant toute la première journée, l'escadre française d'être coupée. C'est à tort que plusieurs écrivains le placent sur le *Merveilleux,* brûlé à la Hougue. Il était sur le *Formidable,* qui parvint à se réfugier à Saint-Malo et fut transporté à Brest, où il mourut de ses blessures.

De Belile Erard, Chef d'escadre.

Tué à bord du *Magnifique*. Bataille de Malaga, 25 août 1704[1].

Le chevalier d'Armagnac, Bailli de Lorraine, Chef d'escadre.

Tué à bord du *Vainqueur*. Bataille de Malaga, 25 août 1704.

Ferdinand comte de Relingue, Chef d'escadre.

Mort des blessures reçues à bord du *Terrible,* bataille de Malaga, 25 août 1704. M. de Relingue, malgré ses blessures, refusa d'abandonner la dunette de son vaisseau et, le lendemain, il se fit transporter au conseil de guerre réuni par l'amiral, pour conjurer le jeune prince de Toulouse de recommencer le combat.

Le capitaine de pavillon du *Bailli de Lorraine,* le marquis de Grandpré, lutta vaillamment contre trois vaisseaux dont il se fit abandonner. Le *Vainqueur* eut 100 hommes tués et reçut 40 coups de canon à la flottaison, 150 en plein bois.

Duc d'Enville, Lieutenant-général.

Mort à bord du *Northumberland,* enlevé par la fièvre jaune, ainsi que 800 matelots et 1,500 soldats, sur les côtes d'Acadie. 1746.

Jacques de Taffanel, marquis de La Jonquière, Lieutenant-général.

Mort des blessures reçues au beau combat du 14 mai 1747. — Chargé, avec 8 navires, d'escorter à Saint-Domingue une flotte marchande de 150 voiles, et attaqué par une escadre anglaise de 14 vaisseaux, il se fit écraser, mais sauva son convoi.

---

1. Le commandant en chef de l'escadre française, le comte de Toulouse, se battait pour la première fois sur mer. Il fut blessé à la tempe par un éclat, et un autre coup lui coupa sa cravate. Quatre de ses pages furent tués à ses côtés. Tous les gardes de la marine de son vaisseau furent mis hors de combat.

De la Clue, Chef d'escadre.

Mort des blessures reçues à l'affaire de Lagos, à bord de l'*Océan*, 19 août 1759[1]. (Voir appendice V.)

Saint=André du Verger, Chef d'escadre.

Tué à la malheureuse affaire de Quiberon, à bord du *Formidable,* après un combat magnifique pendant lequel ce vaisseau eut plus de 700 hommes mis hors de combat sur 800. — 20 novembre 1759. (Voir appendice VI.)

Comte de La Pérouse[2], Contre-amiral.

Disparu avec la *Boussole,* perdue corps et biens sur les récifs de Vanikoro. 1788. (Voir appendice VIII.)

D'Entrecasteaux[3], Chef d'escadre.

Mort du scorbut à bord de la *Recherche.* 20 juillet 1793.

---

1. Bien qu'ayant eu la jambe gauche cassée et reçu une blessure considérable à la droite, cet officier général continua à commander son escadre jusqu'au dernier moment. (Arch. du ministère. — Campagnes 1759. — B⁴ 90, f⁰ 161.)

2. Jean-François Galaup, comte de La Pérouse, était né le 23 août 1741 près d'Albi. Garde de la marine en 1756, il fut blessé très grièvement sur le *Formidable* à Quiberon (1759). Après avoir navigué dans l'Inde, il prit part à la guerre d'Amérique et s'empara de plusieurs navires ennemis. Échappé au désastre de sa division qui fut détruite après la Dominique, il fit une campagne des plus brillantes dans la mer d'Hudson (1782). Nommé commandant en chef d'une expédition scientifique, il appareilla de Brest, le 1ᵉʳ août 1785, avec les deux frégates *la Boussole* et *l'Astrolabe*. Pendant trois ans, il parcourut dans tous les sens l'Océan Pacifique, faisant de nombreuses découvertes et recueillant des collections immenses qu'il expédia en France de Vladivostok. Redescendu vers l'archipel des Amis, il disparut avec ses deux navires sans laisser de traces. Ce ne fut qu'en 1827 qu'un capitaine anglais, Dillon, découvrit des débris de l'expédition française sur les récifs de Vanikoro. Ces débris sont actuellement au musée du Louvre.

3. Le chevalier d'Entrecasteaux (ainsi nommé d'un bourg du département du Var) était né à Aix en 1739. Garde de la marine à 15 ans, il prit une part active à la guerre de Sept ans, puis à la guerre d'Amérique. En 1786, commandant la *Résolution,* il fit une belle campagne en Chine, à contre-mousson, qui rendit son nom célèbre et le fit charger, en 1791, d'aller à la

Perrée [1], Contre-amiral.

Mort des blessures reçues à bord du *Généreux*, capitaine Renaudin, dans un combat contre une division anglaise sur la côte de Sicile.

Cet amiral, blessé déjà grièvement à l'œil droit, eut ensuite la cuisse emportée par un boulet. 18 février 1800.

Comte Brueys d'Aigalliers [2], Vice-amiral.

Tué sur le vaisseau *l'Orient*, à la bataille d'Aboukir. 1er août 1798.

---

recherche de La Pérouse. Il appareilla de Brest, le 29 septembre, avec les deux flûtes *la Recherche* et *l'Espérance,* celle-ci commandée par M. de Kermadec. Après avoir découvert que Van Diémen était une île, il reconnut les côtes de la Nouvelle-Calédonie, puis parcourut tous les archipels, sauf malheureusement celui des Amis, où il eut infailliblement trouvé des traces de La Pérouse Après avoir exploré la terre de la Nouvelle-Hollande, il compléta l'exploration de Van Diémen, remonta dans l'Archipel, puis à la Nouvelle-Calédonie, où M. de Kermadec mourut du scorbut. Appareillant pour l'archipel des Amis, il eut encore la malechance de passer à dix lieues de Vanikoro Il en détermina la position exacte, mais n'y mouilla pas. Après avoir exploré les terres de la Louisiade, il succomba dans l'archipel des Anachorètes des suites du scorbut et de la dysenterie. D'Entrecasteaux avait trouvé dans la lettre de service qu'il lui avait été enjoint d'ouvrir après son départ de France, sa nomination de contre-amiral et la nomination de M. de Kermadec au grade de capitaine de vaisseau. L'histoire de cette mémorable campagne est racontée de la façon la plus intéressante dans les *Souvenirs d'un amiral,* de Jurien de la Gravière

1. Le contre-amiral Perrée était de Saint-Vaast, ainsi qu'un brave capitaine de vaisseau, Lejoille, tué l'année d'avant sur le même *Généreux.* Anciens capitaines au long cours, la France perdit en eux deux de ses plus braves et plus habiles officiers. L'écrivain anglais James, presque toujours mal disposé pour nous, et souvent même d'une partialité révoltante, écrit pourtant en parlant de l'amiral Perrée : « Il avait gagné le respect et l'estime des officiers anglais les plus distingués qu'il eût rencontrés, comme amis ou comme ennemis. » (Ch. Rouvier.)

2. Blessé au cou et à la jambe, il refusa de descendre en disant : « Non, non, laissez-moi, un amiral français doit mourir sur son banc de quart. » — D'après l'enseigne de vaisseau Lachadenède, embarqué à bord de *l'Orient,* comme on voulait le transporter au poste des blessés, l'amiral Brueys aurait dit : « Laissez-moi, je veux mourir sur le pont. » (*Biographie de l'amiral Brueys,* par le comte de Balincourt.)

Magon de Médine, Contre-amiral.

Tué à bord de l'*Algésiras,* à Trafalgar. 21 octobre 1805.

Comte Baste, Contre-amiral, Général de brigade des marins de la garde.

Mort des blessures reçues au combat de Brienne. Février 1814.

Bruat, Amiral, Commandant en chef l'escadre de Crimée.

Mort à bord du *Montebello,* des suites du choléra, en rentrant en France. 19 novembre 1855 [1].

Protet, Contre-amiral.

Tué par un biscaïen reçu en pleine poitrine, en montant à l'assaut d'une forteresse occupée par des rebelles chinois. 17 mai 1862.

Courbet, Vice-amiral.

Mort à bord du *Bayard,* par suite des fatigues éprouvées pendant les campagnes du Tonkin et de Chine. 11 juin 1885.

---

1. Pour les noms des officiers tués ou blessés devant Sébastopol, voir appendice XIV.

CAPITAINES DE VAISSEAU

Jean de Courtavel, Commandant une galère.

Tué dans la bataille remportée à Smyrne sur les Infidèles, par le vice-amiral Jean de Clepoy. 14 septembre 1334.

Guillaume de Bordeaux, Commandant le *Saint-Nicolas.*

Tué à la bataille de l'Écluse. 24 juin 1340[1].

Jean Godefroy, Commandant le *Christophe*[2].

Tué à la bataille de l'Écluse. 24 juin 1340.

---

1. On a conservé le nom de plusieurs des capitaines de vaisseau qui échappèrent au massacre en s'ouvrant passage à travers l'ennemi et après avoir accompli des prodiges de valeur, ce sont : Guillaume de Tourneville ; Jean Haquet ; Guillaume le Brument ; Wylart le Flamand, dont le navire fut détruit, mais qui parvint à se sauver à la nage ; Mathieu Quiefdeville, commandant le *Saint-Denis ;* Mathieu Le Mire, commandant le *Saint-Georges ;* Vincent Hériz ; Jean du Jardin, commandant le *Saint-Jean d'Abbeville ;* Jean Dalivet, commandant le *Saint-Louis ;* Pierre le Valois, commandant la *Notre-Dame ;* Pierre d'Estelant, commandant le *Saint-Christophe,* qui, blessé grièvement après une défense héroïque, fut par la suite récompensé par le roi ; Guillaume d'Argouges, commandant la *Jeannette,* dont le nom des officiers est venu jusqu'à nous et qui étaient : son frère, le chevalier Raoul, Th. Carville et Héon Rousée, écuyers ; Broquet ; Chapelain ; Adam Berenguier, commandant l'*Édouarde ;* Adam de Varengnierville, commandant le *Cécile ;* Jean Huéline, commandant le *Saint-James ;* Jean Ertant, commandant le *Saint-Éloy ;* Robert Nordest, commandant la *Jeanète.* (Quatrième guerre navale entre la France et l'Angleterre [1335-1341], Ch. La Roncière, *Revue maritime.* Février 1898.)

2. Ce bâtiment, qui retomba entre les mains des Anglais, avait été pris sur eux en 1338. C'était le plus fort bâtiment construit jusqu'alors en Angleterre.

Ph. Bouvet, Commandant le *Saint-Georges*.

Tué à la bataille de l'Écluse. 24 juin 1340.

Martin Danoys, Commandant le *Saint-Denis*.

Tué à la bataille de l'Écluse. 24 juin 1340.

Guillaume de Grosmesnil, Commandant le *Riche*.

Tué à la bataille de l'Écluse. 24 juin 1340.

Guillaume Avestoize, Commandant le *Saint-James* [1].

Tué à la bataille de l'Écluse. 24 juin 1340.

Pierre Reut, Commandant le *Saint-Louis*.

Tué à la bataille de l'Écluse. 24 juin 1340.

Les 4 premiers navires étaient des bâtiments du roi.

Placés en première ligne, ils se firent tous bravement écraser. Le *Riche* avait coulé la veille un navire anglais qui, chargé d'écuyers désireux de gagner la chevalerie, l'avait attaqué.

Ph. Bouvet était le capitaine du navire monté par les deux amiraux Quiéret et Béhuchet. 150 gentilshommes avaient embarqué sur la flotte ; c'est ce qui fait que les noms roturiers se mélangent avec les noms de chevaliers. Je ne suis pas assez sûr des noms des autres capitaines tués à l'Écluse, pour les donner ici. Il y en eut de 150 à 160. Les navires français qui assistaient à cette bataille portaient de 28 à 200 hommes. On évalue les pertes des Français à un nombre variant de 15,000 à 30,000 hommes.

Enguerrand Ringois, Capitaine de la *Catherine*, stationnaire d'Abbeville.

Massacré par les Anglais pour n'avoir pas voulu prêter serment

---

1. Cet officier ne succomba qu'après avoir soutenu une lutte désespérée.

au roi d'Angleterre qui venait de s'emparer de cette ville en 1359[1].

Golo, Capitaine de pavillon de Portzmoguer.

Tué avec ce dernier dans le combat de la *Cordelière* contre le *Régent*. 10 août 1813. (Voir *Porzmoguer*. — *Officiers généraux*.)

René de Goulaine de Landouinière.

Massacré par les Espagnols en Caroline. 1565[2].

Peirot, Commandant une petite escadre.

Tué à l'attaque de Madère. 1568.

De Vinceguerre, Capitaine de pavillon du duc de Guise.

Tué à la bataille du 26 octobre 1622, livrée par cet amiral aux Rochelois.

De Launay Razily, Commandant le *Saint-Louis*.

Sauté avec ce vaisseau en même temps que le bâtiment protestant *la Vierge,* qu'il combattait. 1625.

Richardière *dit* le capitaine Maupas[3].

Tué en revenant de ravitailler, pour la deuxième fois, l'ile de Ré assiégée par Buckingham. Nuit du 17 octobre 1627.

---

1. Ce héros, inconnu aujourd'hui, avait été un des principaux défenseurs de Calais lors du terrible siège soutenu par cette ville en 1347. L'année qui précéda sa mort, il avait été chargé par le vice-amiral de découvrir le lieu où était emprisonné, en Angleterre, le roi de France, Jean.

2. Voir aux officiers généraux : *Jean Ribaud.*

3. Je n'ai pu savoir exactement le grade de cet officier. Tout capitaine de navire étant, à cette époque, appelé « capitaine de vaisseau » et le capitaine Maupas, commandant une partie de la flottille de ravitaillement, je l'ai placé sur cette liste.

Sanson Napollon, Commandant le. . . . .

Tué à l'attaque de Tabarka. 1633.

Abraham du Quesne, Capitaine de vaisseau (père du célèbre Amiral).

Tué dans un combat contre les Espagnols, en juillet 1635.

De Bouc, Commandant la *Séguirane.*

Tué en livrant combat à une escadre de galères espagnoles devant Saint-Tropez. 1er février 1638[1].

Montholieu, Commandant la galère *Patronne de France.*

Tué en livrant combat à une escadre de galères espagnoles devant Saint-Tropez. 1er février 1638.

Des Roches, Commandant la galère *la Cardinale.*

Tué en livrant combat à une escadre de galères espagnoles devant Saint-Tropez. 1er février 1638.

De Valbelle, Commandant la galère *la Valbelle.*

Tué en livrant combat à une escadre de galères espagnoles devant Saint-Tropez. 1er février 1638.

Baron de la Garde, Commandant la galère *l'Aiguebonne.*

Tué en livrant combat à une escadre de galères espagnoles devant Saint-Tropez. 1er février 1638.

N..., Commandant la galère *la Servienne.*

Tué en livrant combat à une escadre de galères espagnoles devant Saint-Tropez. 1er février 1638.

---

1. La relation du combat qui existe dans les notes de la correspondance de Mgr d'Escoubleau de Sourdis ne donne pas le nom des capitaines de la *Servienne* et de la *Maréchale.* Une curieuse note de la même correspondance déplore la mort du sieur de Montholieu qui commandait la *Patronne de France* « *depuis quarante ans* ».

N..., Commandant la galère *la Maréchale*.

Tué en livrant combat à une escadre de galères espagnoles devant Saint-Tropez. 1er février 1638.

Malgré leurs nombreuses pertes, les Français furent vainqueurs. L'amiral espagnol del Vise fut tué, et sa galère capitane enlevée à l'abordage par la capitane du général des galères de France, le marquis du Pont de Courlay.

Un des officiers de ce navire, M. de Bellié, écuyer de l'amiral, bien qu'ayant la poitrine traversée par un coup de pique, sauta à bord de la galère espagnole et s'empara de l'étendard, qu'il eut, avant de mourir, la force d'apporter à l'amiral français.

Le capitaine de la *Valbelle*, Côme II de Valbelle, était âgé de 70 ans; atteint de 12 blessures il se fit attacher au grand mât pour pouvoir se tenir debout, et mourut, ayant à ses côtés son petit-fils âgé de 9 ans, qui devait à son tour devenir un marin distingué. Son fils, Jean-Philippe, se trouvait aussi à bord. (Pour les autres pertes en officiers, voir l'appendice I.)

Jamain l'aîné, Commandant le.....

Tué dans la lutte victorieuse que le vice-amiral marquis de Brézé livra à une escadre espagnole devant Cadix. 22 juillet 1640. — Dans ce combat, un officier, M. de Saint-Georges, fut tué, et les capitaines de brûlots Jamain le jeune, Le Brun, Borie, blessés.

De Montade, Commandant le *Lion*.

Mort dans l'incendie communiqué à son vaisseau par le vaisseau amiral de Naples dont il venait de s'emparer à l'abordage. 1641.

Le deuxième capitaine, M. de Cogolin, échappa à grand'-peine en s'accrochant à une épave.

De la Roche=Bras=de=Fer, Commandant le *Saint-Paul*.

Blessé mortellement au combat du 4 septembre 1643, livré

par l'escadre du marquis de Brézé à une escadre espagnole qui fut en partie détruite.

Chevalier de Lischassirie, Commandant le *Soleil*.

Tué dans le combat du 20 décembre 1647, livré, par l'escadre du duc de Richelieu, à une escadre espagnole dans la baie de Naples.

De La Lande[1], Capitaine de vaisseau, Chef d'une escadre.

Décapité par les Anglais, après un combat dans la Manche. 1650.

Jacob du Quesne, Capitaine de vaisseau (frère du célèbre Amiral).

Tué d'un coup de canon, en août 1660.

Des Lauriers, Commandant l'*Étoile*[2], de 36 canons.

Tué en montant à l'abordage du vaisseau amiral des Algériens, 28 février 1665.

---

1. Cet officier ayant voulu forcer les Anglais à saluer le pavillon du roi de France, un vigoureux combat s'engagea, à la suite duquel il fut vaincu. Fait prisonnier, il fut décapité, sur un de ses navires, comme forban, les deux pays n'étant pas alors en guerre (*Abr. du Quesne et son temps*, par JAL). On sait, d'ailleurs, quels flots de sang fit couler cette question des saluts.

2. L'*Étoile* était beaucoup plus faible que son adversaire qui était armé de 46 canons et avait 600 hommes d'équipage. De plus, ce bâtiment était commandé par un renégat, Barbier Hassan, homme d'une audace inouïe et d'un courage à toute épreuve, que l'on disait âgé de 124 ans. Parvenu en tout cas à un âge très avancé sans avoir cessé de continuellement combattre, il passait pour invulnérable parmi les Algériens. Il fut tué pendant l'action. Bien que cruellement décimé, son équipage parvint à s'échapper dans des embarcations, après avoir incendié le vaisseau, les grappins d'abordage de l'*Étoile* s'étant rompus, et la frégate française étant encalminée.

Tous les officiers de l'*Étoile*, ainsi que les hommes des divisions d'abordage, avaient reçu des blessures. Un officier, M. Loyré, envoyé au secours

Chevalier d'Hocquincourt, Commandant le.....

Noyé dans le naufrage de son vaisseau sur l'île de Scarpaute, en 1665.

Le second de M. d'Hocquincourt, le chevalier de Grilles et Tourville, qui était à ses débuts, ainsi que quelques hommes, parvinrent seuls à se sauver.

D'Astigny, Commandant un vaisseau pris sur les Barbaresques.

Tué dans un combat contre trois vaisseaux de ces infidèles en 1666.

Le chevalier de Tourville était second de ce navire et enleva à l'abordage un bâtiment ennemi.

D'Hectot, Commandant la galère *Thérèse*.

Disparu dans l'explosion de ce navire pendant le bombardement de Candie (Escadre du duc de Beaufort). 25 juillet 1669.

Michaut, Capitaine de vaisseau.

Noyé dans un coup de vent en revenant de la côte de Guinée en 1672.

Reynier du Clos, Commandant le *Juste*.

Perdu avec ce vaisseau dans la rivière de Lisbonne. 1673.

Caron, Capitaine de vaisseau.

Noyé dans le naufrage du *Juste*[1].

---

de l'*Étoile* dans une chaloupe de la division de Beaufort, alors en vue et prise aussi par le calme, eut l'épaule cassée. Deux officiers volontaires amis de des Lauriers, MM. Plessard et Tambonneau, furent, le premier, tué, le second, blessé grièvement à la cuisse.

1. Il faut se rappeler qu'à cette époque les vaisseaux avaient trois et même quatre capitaines.

Languillet, Capitaine de vaisseau.

Noyé dans le naufrage du *Juste* [1].

De Thivas [2], Commandant le *Prince*, de 50 canons.

Tué à la première bataille d'Ostende en essayant d'aborder le vaisseau de l'amiral hollandais Tromp. 7 juin 1673.

Commandeur d'Estivalle, Commandant le *Sans-Pareil*, de 64 canons.

Emporté par un boulet à la deuxième bataille d'Ostende. 21 août 1873.

M. d'Amblimont prit le commandement du vaisseau.

Gabaret=Desmaretz.

Tué sur le *Vigilant*, le 1er novembre 1673.

D'Oranges.

Tué à l'attaque de Fort-de-France par les Hollandais, 20 juillet 1674 [3].

---

1 Il faut se rappeler qu'à cette époque les vaisseaux avaient trois et même quatre capitaines.

2. Quelque temps avant la bataille, ce capitaine avait juré de se faire tuer. (Mémoires du marquis de Villette, qui ne donne pas les raisons de ce serment héroïque ou insensé.)

3. Cet officier habitait la Martinique où il n'avait pas moins de trente enfants et petits-enfants.

Cette attaque de Fort-de-France, dont les historiens parlent peu, est cependant un des plus beaux faits d'armes dont les marins puissent s'enorgueillir.

Quarante-trois vaisseaux hollandais s'étaient présentés à l'improviste devant Fort-de-France et prirent aussitôt leurs dispositions pour débarquer une troupe nombreuse. Fort-de-France n'existait pas alors comme ville et se composait principalement d'un fortin, bien situé à la vérité, mais défendu seulement par une faible garnison de 160 soldats, marins ou colons, rassemblés à la hâte sous les ordres du capitaine de vaisseau d'Amblimont. Cet officier, sans se laisser abattre, résolut d'user d'un stratagème. Faisant cacher 50 hommes dans la brousse qui entourait le fort, il les fit successivement entrer par une poterne bien en vue de la rade, ressortir par une porte de derrière, puis rentrer de nouveau par la poterne et ainsi de suite, persuadant

De Saimême, Commandant le *Sceptre,* Capitaine de pavillon du duc de Vivonne.

Blessé mortellement au combat de Messine le 8 janvier 1675[1].

De Villeneuve Ferrières, Commandant l'*Aquilon.*

Tué à la bataille de Messine. 8 janvier 1676.

Chevalier de Tambonneau, Commandant le *Vermandois,* de 50 canons.

Tué à la bataille d'Agosta. 22 avril 1677.

De Cou, Commandant l'*Éclatant,* de 60 canons.

Tué à la bataille d'Agosta. 22 avril 1677.

De Boissier, Capitaine de vaisseau en second d'un bâtiment de l'escadre.

Tué à la bataille d'Agosta. 22 avril 1677.

De Sebeville, Capitaine de vaisseau en second d'un bâtiment de l'escadre.

Tué à la bataille d'Agosta. 22 avril 1677.

De Bonnefonds, Capitaine de vaisseau en second d'un bâtiment de l'escadre.

Tué à la bataille d'Agosta. 22 avril 1677.

---

ainsi aux ennemis que le fortin avait été secouru par une troupe nombreuse. Trompées par cette idée, les troupes de débarquement n'attaquèrent qu'avec mollesse. Assaillies par une pluie de roches que les assiégés avaient entassées sur leurs murailles, elles lâchèrent bientôt pied et se rembarquèrent précipitamment en laissant sur le terrain 433 hommes tués et plus de 800 blessés Les pertes de la petite garnison française ne s'élevaient qu'à 5 tués et 10 blessés. (*Histoire des Antilles.*)

1. Troude écrit le nom de cet officier « de Septèmes » et le place sur le *Vaillant.* — Je donne l'orthographe des archives, tout en me rendant compte que c'est une garantie insuffisante, les noms étant souvent estropiés dans les documents officiels de ces époques éloignées.

De Savières, Capitaine de vaisseau en second d'un bâtiment de l'escadre.

Tué à la bataille d'Agosta. 22 avril 1677.

D'Arennes, Capitaine de vaisseau en second d'un bâtiment de l'escadre.

Tué à la bataille d'Agosta. 22 avril 1677.

De Laborde, Commandant le *Soleil-d'Afrique*.

Tué à l'attaque de Tabago. 3 mars 1677[1].

Gabaret, le jeune, Commandant l'*Intrépide*.

Tué à l'attaque de Tabago. 3 mars 1677.

Le capitaine de l'*Intrépide* était fils du chef d'escadre Mathurin GABARET. Il fut tué au moment où il venait d'enlever à l'abordage le vaisseau hollandais *Les Armes de Leydes*. L'incendie qui éclata à bord de ce bâtiment empêcha les Français de l'amariner.

De L'Hézine, Commandant le *Marquis*.

Tué à l'attaque de Tabago. 3 mars 1677.

M. De L'HÉZINE sauta avec son vaisseau.

Hérouard de Lapiogerie, Commandant l'*Emérillon*.

Tué à l'attaque de Tabago. 3 mars 1677.

M. De LAPIOGERIE fut tué à terre à la tête d'un corps de débarquement.

---

1. Dans cette bataille, une des plus acharnées qui aient eu lieu sur mer, nous perdîmes trois vaisseaux qui sautèrent et un qui s'échoua. Les Hollandais en perdirent huit sur dix et la moitié de leurs équipages. Le *Glorieux*, portant le pavillon du vice-amiral d'Estrées et commandé par M. de Méricourt, fut l'un des incendiés. L'amiral, blessé deux fois, ne fut sauvé que par l'intrépidité du garde de la marine Berthier, qui parvint, à travers la mitraille, à lui amener une embarcation. Ce canot fut encore coulé par les boulets et M. d'Estrées fut obligé de gagner la côte à la nage ainsi que M. de Méricourt, également blessé.

N..., Commandant la galère *l'Heureuse.*

Sauté avec tout son équipage devant Civita-Vecchia. Juillet 1677.

Chevalier d'Hailly.

Tué sur le *Sans-Pareil,* devant Barcelone. 26 mai 1678.

De Gravençon, Commandant le.....

Enlevé par une lame en 1679.

De Villiers d'O, Commandant le *Sans-Pareil.*

Perdu corps et biens dans un ouragan le 31 octobre 1679, au large de Belle-Ile.

M. de TOURVILLE qui montait le *Sans-Pareil* parvint à gagner l'*Arc-en-Ciel* dans un canot dont 20 hommes sur 24 se noyèrent. 80 hommes avaient pu se sauver sur ce bâtiment avec la chaloupe.

De Bérulles, Capitaine de vaisseau, second du *Sans-Pareil.*

Perdu corps et biens dans un ouragan, le 31 octobre 1679, au large de Belle-Ile.

Chabert, Commandant le *Conquérant.*

Perdu corps et biens dans un ouragan le 31 octobre 1679, au large de Belle-Ile.

Le *Conquérant* disparut avec ses 800 hommes [1].

---

1. Lettre de Colbert à Arnoul fils, intendant à Toulon, datée du 16 novembre 1679. — Environ 1,400 hommes périrent donc dans cette catastrophe, car, d'après cette lettre, le *Sans-Pareil* et le *Conquérant* avaient les mêmes équipages. Les vaisseaux s'entr'ouvrirent sous l'effort des lames. « Ce malheur fust attribué au démastement du premier, au peu de liaison des membres du second, et au trop grand nombre d'artillerie, et à *ce qu'ils avaient été construits à prix fait.* » (Lettres des 8 et 30 janvier 1780, de Colbert à Du Quesne)

Les deux autres vaisseaux de la division, qui se rendait de la Méditerranée à Brest, se sauvèrent : le *Content,* capitaine d'Amfreville, mouilla, coulant

Chevalier de Courtagnon de L'Héry[1], Commandant le *Diligent*.

Tué en entrant dans Gênes à la tête d'un corps de débarquement. 24 mars 1684.

Chevalier de Lamotte, Commandant le *Capable*.

Tué devant Gênes, dans la chaloupe de son vaisseau, en descendant à terre pendant l'attaque. 24 mars 1684.

De Méné[2], Commandant le *Marquis,* de 58 canons.

Blessé mortellement en combattant un vaisseau anglais de 70 canons. 26 août 1689.

De l'Estrille, Commandant l'*Oriflamme*.

Naufragé à la Martinique, le 28 février 1691. (Voir l'appendice II.)

---

bas d'eau, dans le Morbihan et ne put être réparé. L'*Arc-en-Ciel* subit presque le même sort. M. Arnoul, qui avait fait l'armement de ces vaisseaux, fut révoqué.

Du *Sans-Pareil* échappèrent seuls : Tourville, chef d'escadre ; de Château-morant, deuxième lieutenant ; Ignardon, troisième enseigne et environ 80 hommes. Périrent, outre le capitaine d'O : le chevalier de Genlis, premier lieutenant ; de Vallaloire, premier enseigne ; de Cintré, deuxième enseigne ; Lortie de Petit-Fief, commissaire.

Parmi les officiers disparus avec le *Conquérant* on cite, avec le capitaine, MM. Desmarets, de la Terrière et de Besons, lieutenants de vaisseau ; Brunehaut de Chabossières et d'Entragues, enseignes. (Pour plus de renseignements, comparer cette liste, tirée de Jal, avec celle de l'appendice II, copiée dans les Archives de la Marine. C₁, 155.)

1. Compagnon d'armes de Tourville dans la série de brillantes expéditions que ces deux capitaines firent sur la côte de Sicile en 1676. Dans les Archives nationales (Marine. C¹, 155) M. de l'Héry est porté comme chef d'escadre.

2. Ce combat, qui fit le plus grand honneur à M. du Méné, eut lieu en présence des escadres française et anglo-batave. M. de Combes prit le commandement du *Marquis* lorsque son commandant fut obligé de quitter le pont. L'anglais, qui avait perdu son capitaine, sir Edward, et 164 hommes, se rendit. Après avoir pris à bord les survivants du vaisseau ennemi, M. de Combes y fit mettre le feu.

Chevalier de Raimondis, Capitaine de vaisseau.

Tué ou mort des blessures reçues à la Hougue. Mai 1692.

Chevalier du Pas de Feuquières, Commandant le *Diamant*.

Tué ou mort des blessures reçues à la Hougue. Mai 1692.

Chevalier de Courtagnon de L'Héry, Commandant le *Vermandois*.

Tué ou mort des blessures reçues à la Hougue. Mai 1692.
(Pour tous les autres officiers tués à la Hougue, voir appendice II.)

Chevalier de la Guiche Sawy, Commandant le *Sage*.

Naufragé dans le détroit de Gibraltar, le 19 août 1692.

Chevalier de la Rochalard, Capitaine de pavillon du Lieutenant-général marquis de Villette, Commandant le *Merveilleux*.

Tué en attaquant des vaisseaux espagnols sur la côte d'Espagne. 21 mai 1694.

Cargrain de Tracy, second Capitaine de vaisseau du *Maure* (Commandant de Bars).

Tué le 18 juin 1696.

Comte d'Aulnay, Commandant le *Trident*.

Tué dans le beau combat que ce bâtiment livra, de conserve avec le *Content,* capitaine du Chalard, à six vaisseaux anglais. 28 juin 1696[1].

---

1. Quand, coulant bas d'eau, les navires français se rendirent, les Anglais refusèrent de prendre l'épée du commandant du Chalard, grièvement blessé, et l'entourèrent des plus grandes attentions.

Chevalier d'Amfreville, Commandant le *Fougueux*.

Noyé dans le naufrage de ce vaisseau. 10 décembre 1696.

Chevalier de Longuerue, second Commandant du *Fougueux*.

Noyé dans le naufrage de ce vaisseau. 10 décembre 1696.

De Sartour, Commandant le . . . . .

Tué devant Barcelone, le 24 juin 1697.

Chevalier de Coëtlogon, Commandant le *Fort*.

Mort des blessures reçues à Carthagène, le 25 mai 1697.

De Gombault, fils, Commandant l'*Apollon*.

Mort des blessures reçues devant Carthagène, le 7 mai.

De Muin, Commandant l'*Apollon*.

Tué dans le brillant engagement que la division des quatre vaisseaux du capitaine Du Casse soutint contre une division de sept vaisseaux anglais, commandés par le vice-amiral Bembow. 4 septembre 1702[1].

De la Tourneuville, Commandant en second l'*Appollon*.

Tué dans le brillant engagement que la division des quatre vaisseaux du capitaine Du Casse soutint contre une division de sept vaisseaux anglais commandés par le vice-amiral Bembow. 4 septembre 1702.

---

1. Il est juste de dire que le brave amiral anglais, blessé grièvement à la figure et au bras, et ayant une cuisse emportée par un boulet, ne fut pas soutenu comme il aurait dû l'être par ses capitaines. Aussi, dans le conseil de guerre qui fut réuni par son ordre aux Antilles, deux de ses capitaines de vaisseau furent fusillés, deux autres cassés et un cinquième condamné à la prison.

De Fricambault, Commandant l'*Oriflamme*.

Sauté avec son vaisseau à la fameuse affaire des galions de Vigo. 23 octobre 1702.

Cet officier avait déjà perdu une main dans un combat livré en 1691 contre un vaisseau hollandais. Il refusa de quitter son navire qui avait, pourtant, pu être évacué par tout l'équipage, et disparut dans l'explosion.

Duplessis=Liancourt, Commandant le *Dauphin*.

Mort dans l'embrasement de son vaisseau à l'affaire de Vigo[1]. 21 octobre 1702.

De La Roque, Commandant l'*Hermione*.

Tué au fort de Gambie. 6 novembre 1702.

De Vauruy, Commandant en deuxième du *Vainqueur*.

Tué le 22 mai 1703. — Le *Vainqueur* était commandé par M. de Coëtlogon.

De Sève, Commandant l'*Adroit,* de 30 canons.

Sombré avec ce bâtiment et le navire anglais qu'il combattait près des Orcades, le 22 juin 1703. Le second, de Foissy, et une grande partie de l'équipage furent noyés.

L'*Adroit* était sur le point de s'emparer de son adversaire, quand celui-ci sauta. Le bâtiment français fut démâté et tellement délié par l'explosion qu'il sombra quelques instants après, engloutissant la presque totalité de son équipage. (Com-

---

1. On sait que Châteaurenault avait eu le temps de faire filer dans l'intérieur, sous bonne escorte, les lingots d'or dont étaient chargés les galions.

Dans cette malheureuse affaire, causée par l'esprit de défiance des Espagnols, nos alliés, à notre égard, nous perdîmes, en plus des deux commandants cités plus haut : six officiers (pour les noms et grades, voir appendice II) ; onze officiers furent blessés : MM. de Camilly, Piémont, La Tour, Landry, Lavalette, Marigny, Lambourg, Châtelet, le chevalier Bégou, Hardy et de Saint-Victor. Ce dernier mourut plus tard de ses blessures.

bat de la division de quatre vaisseaux du chevalier de Saint-Pol, contre une division hollandaise de même force.)

Chevalier de Lannéon, Commandant le *Mercure*, de 50 canons.

Tué à la bataille de Malaga. 24 août 1704[1].

Chevalier de Phélyppeaux, Commandant le *Content*, de 60 canons.

Tué à la bataille de Malaga. 24 août 1704.

De Châteaurenault, Commandant l'*Oriflamme*, de 62 canons.

Tué à la bataille de Malaga. 24 août 1704.

Le capitaine de l'*Oriflamme* était le fils du célèbre Châteaurenault, mort maréchal de France et gouverneur de Bretagne, la même année.

Chevalier de Saumery, Commandant en deuxième le *Fier*, de 90 canons.

Tué à la bataille de Malaga. 24 août 1704.

De Tierceville, Chef d'état-major du Lieutenant-général de Villette, à bord du *Fier*.

Tué à la bataille de Malaga. 24 août 1704.

De La Roche=Vezançois, deuxième Capitaine de vaisseau de l'*Excellent*, de 60 canons.

Tué à la bataille de Malaga. 24 août 1704.

---

1. Les Français eurent 1,500 hommes tués ou blessés. L'amiral comte de Toulouse avait reçu deux blessures légères. L'ennemi perdit 3,000 hommes. Un vaisseau-amiral coula : il ne s'en sauva que l'amiral Calembourg et 9 hommes. — On voit que, sur le *Foudroyant*, vaisseau-amiral de l'escadre française, deux des capitaines de vaisseau, commandants en sous ordre, furent tués.

De Gouëston, deuxième Capitaine de vaisseau du *Foudroyant,* de 104 canons.

Tué à la bataille de Malaga. 24 août 1704.

De Crosdeville de Gimeau, troisième Capitaine de vaisseau du *Foudroyant.*

Tué à la bataille de Malaga. 24 août 1704.

De Bennet, deuxième Commandant de l'*Intrépide,* de 84 canons.

Tué à la bataille de Malaga. 24 août 1704.

Comte d'Aulnay=Dilhers, deuxième Commandant du. . . . .

Tué à la bataille de Malaga. 24 août 1704.

De Blottières, Capitaine de vaisseau.

Tué à Toulon, au combat du 26 décembre 1704.

De Ferrières, Commandant l'*Amphitrite.*

Tué en enlevant à l'abordage le vaisseau anglais *Falmouth* dans le combat que la division de 6 frégates du chevalier de Saint-Pol livra à 3 vaisseaux anglais dont un de 80 canons, et 1 frégate. 15 août 1705.

Chevalier de Saint=Pol de Hécourt, Commandant le *Salisbury* [1].

Tué le 31 octobre 1705.

Chevalier d'Escoyeux, Commandant le *Triton.*

Tué le 5 novembre 1705.

---

1. Ce bâtiment avait été capturé par de Saint-Pol, commandant alors l'*Adroit* (cité plus haut), le 21 avril 1703.

Chevalier d'Iberville [1], Commandant le *Juste*.

Mort des fatigues de la guerre, le 9 juillet 1706.

De Vesins, Commandant le *Salisbury*.

Tué en abordant un vaisseau anglais. 12 mai 1707.

Comte de Sepville, Capitaine de vaisseau.

Tué pendant le siège de Toulon, en juillet 1707.

De Gratien, Capitaine de vaisseau.

Blessé mortellement pendant le siège de Toulon, le 30 juillet 1707.

Le Clerc, Capitaine de vaisseau, Commandant une expédition contre Rio-de-Janeiro.

Massacré, après s'être rendu, au mépris du droit des gens. 29 juin 1710 [2].

Cet assassinat fut une des principales causes de l'expédition de Duguay-Trouin contre cette ville.

Chevalier de Langon, Commandant les vaisseaux de Malte.

Tué en 1710 [3].

---

1. Ce brave capitaine est un de ces nombreux héros à peu près inconnus en France, parce qu'ils combattirent pour l'indépendance de nos colonies, loin de France, loin de Paris surtout.

Sa plus belle action est le combat qu'il livra au Canada en 1693. Attaqué avec un vaisseau de 50 canons par trois bâtiments anglais, il coula à coups de canon le premier, un bâtiment de 52 canons, prit une des frégates de 32 canons qui l'accompagnait et mit en fuite la dernière. La lutte opiniâtre qu'il livra pendant vingt ans (1686-1706) aux Anglais, dans l'Amérique du Nord, eut pour toute récompense le grade de capitaine de vaisseau et la croix de Saint Louis.

2. Dans les Archives, M. Le Clerc est porté comme capitaine de brûlot.

3. Ce capitaine était allé prendre ce commandement temporaire pour combattre les Infidèles.

De Choiseul=Beaupré, Capitaine de vaisseau en second de la *Thétis*.

Tué le 18 mai 1711.

La *Thétis* était commandée par M. Hennequin.

Chevalier de Courserac, Commandant le *Magnanime*, de 74 canons.

Disparu corps et biens dans un coup de vent pendant la traversée de retour de l'escadre de Duguay-Trouin. Janvier 1712[1].

La Moinerie Miniac, Commandant le *Fidèle*, de 60 canons.

Disparu corps et biens dans un coup de vent pendant la traversée de retour de l'escadre Duguay-Trouin. Janvier 1712[1].

Marquis de La Groye d'Alvigny.

Noyé sur le *Jérôme*. 1713[2].

Bosquet, Commandant le *Furieux*.

Tué dans un combat contre les Salétins. 1713.

Marquis de Roquemador, Commandant l'*Éclatant*.

Naufragé en allant aux Indes, le 18 avril 1713.
(Voir appendice II.)

Denys de Saint=Simon, sieur de Vitré, Commandant le.....

Tué dans un combat sur les côtes de Saint-Domingue. 1730.

De Jozanville, Commandant l'*Argonaute*.

Emporté par une lame. 5 novembre 1738.

---

1. Plus de 1,600 hommes et des richesses considérables disparurent dans ces deux naufrages. — Pour les états-majors de ces deux vaisseaux, voir appendice II.

2. Le *Jérôme* était un transport du Havre qui rapatriait cet officier.

De Sorel, Commandant le vaisseau *l'Atlas*.

Perdu corps et biens sur les rochers d'Ouessant, le 2 décembre 1739.

L'équipage était tellement éprouvé par les maladies que 10 hommes à peine étaient en état de manœuvrer.

MM. de Kerloarec, Chazan et du Carpon, officiers, de Mont-fiquet, du Chef de l'Étang, de la Grandière, de Saint-Quentin, l'aumônier, le chirurgien et 70 hommes furent noyés.

De Boulainvilliers, Commandant le *Bourbon*.

Séparé de l'escadre du marquis d'Antin revenant des Antilles, sombré en vue des côtes de Portugal. 12 avril 1741 [1].

Comte de Pardaillan, Commandant *l'Aquilon*.

Tué dans l'affaire des Saluts. 25 juillet 1743.

De Girardin, Commandant le vaisseau amiral espagnol *Royal-Philippe*.

Bataille de Toulon. 22 février 1744 [2].

---

1. Le navire avait depuis plusieurs jours une voie d'eau considérable. Les panneaux de la batterie basse ayant été condamnés, le commandant et le maître calfat Adrien étaient les seuls au courant de la situation. Quand la terre fut en vue, M. de Boulainvilliers fit armer deux canots dans lesquels s'embarquèrent 34 hommes dont son jeune fils, qu'il avait dû faire embarquer de force. Ces embarcations avaient pour mission d'aller réclamer du secours. Elles étaient à peine éloignées de quelques milles, quand le vaisseau s'engloutit avec 560 hommes, dont MM. de Boulainvilliers, de Kergario, de Barazer, de Savigny, Vaubourg et du Plessis, officiers. Ces deux derniers devaient être des gardes, car ils ne sont pas portés sur la liste tirée des Archives. (Voir appendice II.)

Une relation de ce naufrage (*Le naufrage et la mort de Boulainvilliers*, par de Kersaint), en style dithyrambique et larmoyant, rapporte qu'au moment où le navire disparut, les embarcations étaient le long du bord prêtes à recueillir l'équipage. (Bibliothèque de Brest.)

2. Les Espagnols manquaient d'officiers. C'est pour cela que des Français servaient dans l'escadre espagnole, qui était du reste aussi dépourvue de matériel que de personnel. M. de Lage, qui remplaça M. de Girardin, était également Français.

Comte Desgouttes, Commandant le *Fleuron*.

Sauté en rade de Brest, le 3 février 1745[1].

D'Hau, Commandant l'*Élisabeth*, de 74 canons.

Tué en combattant un vaisseau anglais de 70 canons, convoyeur d'une flotte marchande, au large d'Ouessant, le 20 juillet 1743.

La lutte fut acharnée et dura 7 heures. Le bâtiment français eut 57 hommes tués et 116 blessés. Il était tellement maltraité que le chevalier Bart, qui avait remplacé le capitaine d'Hau, ne put amariner l'Anglais, qui avait amené.

Chevalier de Saliesse, Commandant la *Gloire*.

Combat de la division de Jonquières. 14 mai 1747[2].

M. de Marnières prit le commandement du navire. Les chevaliers de Grasse et de la Croix avaient été blessés.

De Fromentière, Commandant le *Neptune*.

Combat de la division de l'Étanduère. 14 octobre 1747.

Son second, de Longueval d'Harancourt, qui l'avait remplacé, fut également tué. (Voir appendice II.)

De La Bédoyère, Commandant le *Monarque*.

Combat de la division de l'Étanduère. 14 octobre 1747.

---

1. M. Desgouttes était arrivé à bord quelques minutes avant l'explosion, ayant refusé de dîner à terre comme on l'en avait instamment prié (Archives de Brest). Dans une première explosion, il eut un œil crevé et, dans une seconde, les reins abimés. Il tomba à la mer. Son corps fut retrouvé sur la grève de Saint-Marc, le 18 février. MM. de la Rochejacquelin, lieutenant de vaisseau, second; de Montchauveau, enseigne; de Chabannes, garde du pavillon, périrent aussi. La plus grande partie de l'équipage fut sauvée par les embarcations de l'escadre, le *Fleuron* ayant mis assez longtemps à brûler.

2. Dans ce combat furent tués : MM. de la Clocheterie et le chevalier de Belmas, officiers d'infanterie, et quatre autres officiers que les rapports ne nomment pas. Le capitaine de vaisseau Buisson fut grièvement blessé. En plus des officiers, 792 hommes furent mis hors de combat. (Archives du minist. B4 161, F° 102.)

De Senneville, Capitaine de pavillon de d'Aché.

Tué sur le *Comte de Provence*. Combat dans l'Inde. 3 août 1758[1].

De Langerie, Commandant le *Saint-Louis*, de 60 canons.

Tué par un boulet. Combat dans l'Inde. 3 août 1758.

Pierre=Jean Bart et Benjamin Bart, le père et le fils, neveu et petit-neveu du célèbre marin.

Tués à bord de la *Danaë*, commandée par le premier, le 27 mars 1759, en combattant héroïquement deux grosses frégates anglaises dans le golfe du Calvados.

Pierre Bart, les deux jambes emportées, se fit mettre dans une baille de son pour pouvoir commander encore. Son fils Benjamin, qui lui succéda dans le commandement de la *Danaë*, eut la cuisse emportée et mourut de ses blessures[2].

---

1. Cette année 1758 fut marquée par un événement malheureux. L'escadre du chef d'escadre Dubois de la Mothe, en revenant des Antilles, communiqua à la population de Brest l'épidémie de fièvre jaune qui décimait ses équipages. 4,000 marins et 10,000 habitants furent enlevés de novembre 1757 à février 1758.

Voici, d'après les archives de Brest, les noms des officiers que j'ai pu recueillir comme étant morts pendant cette terrible épidémie :

MM. de Revest, Daubarède, de Gauffredy, de Saurni, capitaines de vaisseau ;

MM. de Musuillac, de Montmaur, de Beaujeu, de Vilers, chevalier de Taurni, de Courcy, lieutenants de vaisseau ;

MM. d'Alberas, comte de Cambray, de Clavel, enseignes de vaisseau ;

MM. Varès, garde de la marine ; Valleville, écrivain ; Mouflâtre, médecin.

2. Bien que Benjamin ne fût que lieutenant de vaisseau, j'ai tenu à laisser ces deux braves à côté l'un de l'autre. Pierre-Jean Bart et du Petit-Thouars sont les deux seuls capitaines de vaisseau qui, authentiquement, soient connus comme s'étant fait mettre dans cette fameuse baille de son, célèbre depuis la mort héroïque du capitaine du *Tonnant* à Aboukir. Il ne faut pas oublier que le poste des blessés était autrefois muni de nombreuses bailles et seaux, remplis de son, pour que les blessés pussent y mettre momentané-

Gotho, Commandant le *Zodiaque.*

Tué au combat de Pondichéry. 10 septembre 1759.

De Surville, Commandant le *Centaure.*

Tué au combat de Pondichéry. 10 septembre 1759.

Saint=André du Verger, Capitaine de pavillon de son frère à bord du *Formidable.*

Mort à la bataille de Quiberon. 20 novembre 1759. (Voir appendice V.)

De Montalais, Commandant le *Superbe,* de 70 canons.

Mort à la bataille de Quiberon. 20 novembre 1759. (Voir appendice V.)

De Saint=Allouanne, l'aîné, Commandant le *Juste,* de 70 canons.

Mort à la bataille de Quiberon. 20 novembre 1759. (Voir appendice V.)

De Saint=Allouanne, le jeune, Commandant en second le *Juste,* de 70 canons.

Mort à la bataille de Quiberon. 20 novembre 1759. (Voir appendice V.)

De Kersaint, Commandant le *Thésée.*

Chaviré sous voiles pendant le combat.

---

ment leurs membres amputés. On évitait ainsi que l'endroit étroit et mal éclairé où opéraient les chirurgiens devint trop rapidement un cloaque sanglant.

Doneaud, dans ses *Gloires maritimes de la France,* dit que Pierre Bart était seulement capitaine de brûlot.

Le commandant en titre du *Juste,* M. de Saint-Allouanne, l'aîné, fut tué pendant le combat. Son frère se noya quand le navire se perdit à l'entrée de la Loire, en même temps que 500 hommes sur 600 que comptait l'équipage.

A bord du *Thésée,* 20 hommes seulement sur 550 échappèrent au naufrage.

Thurot, célèbre corsaire, ayant une commission de Capitaine de vaisseau, et commandant la frégate *Maréchal-de-Belle-Ile.*

Tué dans une expédition au large de l'Irlande. 27 mars 1760.

De Latouche=Beauregard, Capitaine de pavillon du Chef d'escadre Duchaffault de Besné et commandant l'*Utile,* de 52 canons.

Tué dans un débarquement au Maroc devant Larrache. 28 juin 1765.

Bessey de La Vouste, Capitaine de vaisseau.

Tué à la bataille d'Ouessant[1]. 27 juillet 1778.

De Champorcin, Commandant la *Provence,* de 64 canons.

Tué à la bataille de la Grenade. 6 juillet 1779.

Ferron du Quengo, Commandant l'*Amphion,* de 50 canons.

Tué à la bataille de la Grenade. 6 juillet 1779.

---

1 Cet officier était capitaine en second d'un des vaisseaux de M. d'Orvilliers. — Dans cette bataille, les pertes de l'escadre française furent seulement de 163 hommes tués, tandis que les Anglais perdirent 304 matelots. (Pour les pertes en officiers pendant les nombreux combats de la guerre de 1778, voir appendice VI.)

Montault, Commandant le *Fier-Rodrigue,* de 50 canons.

Tué à la bataille de la Grenade. 6 juillet 1779.

Ce dernier bâtiment était un vaisseau particulier armé pour la campagne seulement.

Les pertes à cette bataille furent du côté des Français: 13 officiers et 176 matelots ou soldats tués; 24 officiers et 770 soldats ou matelots blessés.

Comte de Ligondès.

Blessé mortellement en combattant une frégate et un vaisseau anglais près du cap Finistère. 20 octobre 1789.

Cet officier mourut à Brest, le 19 janvier 1780[1].

De Troplong, chevalier du Rumain, Commandant la *Nymphe,* de 32 canons.

Tué en combattant la frégate anglaise *Flore,* de 42 canons, près d'Ouessant. 10 août 1780.

M. du Rumain avait voulu monter à l'abordage, malgré les représentations de ses officiers, lui conseillant de faire dégager d'abord le pont ennemi par la mousqueterie et les grenades. Le commandant s'étant oublié au point de taxer ses officiers de pusillanimité, ceux-ci firent tout ce qu'il fallait pour se faire tuer; du Couëdic, enseigne, neveu du fameux capitaine de *la Surveillante,* fut écrasé entre les deux frégates, en sautant à bord de la *Flore.*

MM. de Pénandreff, de Kéraustret, Delafond, enseignes, Courson de Villehelio, officier auxiliaire, Ductrezit, garde du pavillon, furent tous grièvement blessés.

---

1. Archives manuscrites. (Bibliothèque de la marine à Brest.)

Taillard, lieutenant de frégate, qui combattait sur le passe-avant de la frégate ennemie, fut frappé d'un coup de hache d'armes à la tête, d'une balle de pistolet à l'épaule et tomba sur un canon entre les deux frégates. Il eut le courage et la force de se relever et il se traînait sur le passe-avant de la *Nymphe* pour rallier l'équipage dont il était devenu le commandant, lorsqu'une nouvelle blessure le renversa et lui fit perdre connaissance.

M. du Rumain avait payé de sa vie son héroïque témérité, mais en outre de tout l'état-major, 55 hommes étaient tués et 70 blessés. Malgré ces pertes énormes, l'équipage était parvenu a éteindre l'incendie qui, à deux reprises différentes, avait éclaté à bord de la frégate [1].

Vialis de Fontbelle, Commandant le *Montréal*.

Blessé mortellement en combattant une division anglaise de 2 frégates, 2 brigs et 1 corsaire sur les côtes de Barbarie. 30 juillet 1780.

L'officier en second, le comte de Laporte Yssertieux, résista très bravement et parvint à conduire à Alger, tout en continuant à combattre, le convoi qu'escortait le *Montréal*.

---

1. Malgré les pertes énormes de la *Nymphe*, celles de la frégate anglaise furent très faibles. Cette différence tient à ce que celle-ci avait ses gaillards garnis de caronades tirant à mitraille, arme que nous ne possédions pas et dont l'effet, comme on le voit, était terrible dans un combat à petite distance. Les Anglais d'ailleurs l'employaient pour la première fois. Pour les récompenses accordées aux officiers ou à leurs familles, lire la lettre du 13 janvier 1781. (Archives de Brest.)

M. Taillard reçut, pour son héroïque conduite, la croix de Saint-Louis et le grade de capitaine de brûlot, avec « espérance de passer à celui de lieutenant de vaisseau s'il continue à soutenir la bonne réputation qu'il s'est acquise ». Cette promesse était, à l'époque, d'une extrême importance, car c'était assurer à ce brave officier son entrée dans le corps des officiers rouges et, par suite, l'espoir et la possibilité d'arriver capitaine de vaisseau.

De Cardaillac, Commandant l'*Artésien*, de 64 canons.

Tué au combat de la Praya (escadre de Suffren). 16 avril 1781.

M. de Cardaillac fut tué raide par une balle, au moment où, abordant le vaisseau anglais *Jupiter*, il criait à son équipage : « Allons, enfants, à l'abordage ! »

De Trémigon, Commandant l'*Annibal*, de 74 canons.

Tué au combat de la Praya (escadre de Suffren). 16 avril 1781.

Le commandant de l'*Annibal* fut emporté par un boulet.

La division française eut 87 hommes tués et 218 blessés.

Chevalier de Cheffontaine, Capitaine de vaisseau en second du *Conquérant*, de 74 canons.

Tué au combat de la Chesapeake. 16 mars 1781.

Le capitaine en titre était M. de la Grandière. Le *Conquérant* eut 3 officiers tués, 7 blessés ; 51 hommes tués et 41 blessés.

De Boades, Commandant le *Réfléchi*.

Tué au combat de la Chesapeake. 4 septembre 1781.

Les pertes du *Réfléchi* furent énormes. Il y eut, en effet, 4 officiers tués, 18 blessés ; 35 matelots tués, 165 blessés.

Vicomte d'Escars, Commandant le *Glorieux*, de 74 canons.

Tué à la bataille de la Dominique. 12 avril 1782 [1].

---

1. Récapitulation des pertes en officiers à cette désastreuse bataille :

    1 chef d'escadre blessé ;

    6 capitaines de vaisseau tués, 4 blessés ;

    6 lieutenants de vaisseau tués, 12 blessés ;

    3 enseignes de vaisseau tués, 3 blessés ;

    2 officiers auxiliaires tués, 7 blessés ;

    1 garde de la marine tué, 2 blessés ;

    2 officiers d'infanterie tués, 17 blessés.

(*Annales maritimes*, 1825. Tome II, p. 588) — Pour les noms de ces officiers, voir appendice VII.

M. d'Escars, tué dès le commencement du combat, fut remplacé par le lieutenant de vaisseau de Trogoff de Kerlessy.

De Saint=Césaire, Commandant le *Northumberland*, de 74 canons.

Tué à la bataille de la Dominique. 12 avril 1782.

L'officier en second du *Northumberland*, de La Mettrie, ayant été tué, ce fut l'enseigne de Combeau de Roquebrune qui prit le commandement du vaisseau.

Du Cheyron, chevalier du Pavillon, Commandant le *Triomphant*, de 80 canons.

Tué à la bataille de la Dominique. 12 avril 1782.

Le capitaine du Cheyron était le capitaine de pavillon du chef d'escadre, marquis de Vaudreuil. Il tomba frappé à mort près de MM. Eymeriau et de la Panusse qui le firent aussitôt porter dans sa chambre : « Messieurs, leur dit-il, ne me plaignez pas, puisqu'en mourant je n'aurai pas la douleur de voir les désastres qui se préparent. »

Chadeau de La Clocheterie, Commandant l'*Hercule*, de 74 canons [1].

Tué à la bataille de la Dominique. 12 avril 1782.

M. de La Clocheterie, blessé mortellement, fut remplacé par le lieutenant de vaisseau de Poulpiquet, chevalier de Coatlès, qui fut hautement félicité pour sa belle conduite par le conseil de guerre de Lorient.

De La Vicomté, Commandant l'*Hector*, de 74 canons.

Tué à la bataille de la Dominique. 12 avril 1782.

Le capitaine de vaisseau de Beaumanoir, qui avait pris le

---

1. Voir appendice VII.

commandement de *l'Hector,* ne le rendit que lorsque ce vaisseau eut 6 pieds d'eau dans la cale.

Il fut coulé par la suite sur le banc de Terre-Neuve, et sous pavillon anglais, par les frégates *l'Aigle* et *la Gloire,* capitaines de La Touche et de Vallongue.

Baron de Marigny, Commandant le *Cæsar,* de 74 canons[1].

Tué à la bataille de la Dominique. 12 avril 1782.

La conduite de M. de Marigny fut hautement louée par les membres du conseil de guerre réuni plus tard à Lorient. Grièvement blessé, il avait été descendu dans sa chambre et étendu sur son lit. Le feu ayant pris à bord, des matelots se précipitèrent dans son appartement, criant que le navire allait sauter : « Tant mieux, leur dit-il, les Anglais ne l'auront pas. Fermez ma porte, mes amis, et tâchez de vous sauver. » Son second, le capitaine de vaisseau Laub, amena, n'ayant plus que trente-six coups de canon à tirer. (Rapport du Conseil de guerre.) Le *Cæsar* sauta à 10 heures du soir on ne sait à la suite de quelle circonstance. 400 Français et 50 Anglais disparurent dans cette catastrophe.

---

1. Dans la monographie du *Vengeur,* que M. Schiller fit paraître dans le *Moniteur de la Flotte* du 2 mai 1858, cet écrivain raconte le fait curieux suivant : Le capitaine de Marigny avait confié quelques bijoux à son secrétaire, le Tartu, qui devait devenir plus tard un des plus énergiques capitaines de la République et mourir bravement comme commandant de *l'Uranie* en 1794. Le Tartu essaya de se sauver en s'accrochant à un canot anglais : un matelot l'ayant saisi par sa cadenette (queue de la perruque à la française qu'on portait alors), sentit les objets qui y étaient cachés, s'en empara et repoussa le malheureux à coups d'avirons. Or, le Tartu fut sauvé par une deuxième embarcation du bâtiment même auquel appartenait son voleur. Aussitôt arrivé à bord, notre Français de se plaindre ! « Tu sais qu'on pend les voleurs et les calomniateurs, lui dit le capitaine anglais. — Je le sais, répondit le Tartu. » La fouille faite dans le sac du matelot amena la découverte des bijoux de M. de Marigny. Quelques minutes après, le voleur se balançait au bout d'une vergue.

Chevalier de Vialis, Capitaine de vaisseau, Commandant en second.

Tué ou disparu pendant la période de guerre qui dura de 1778 à 1782[1].

D'Abbadie=Saint=Germain, Capitaine de vaisseau, Commandant en second.

Tué ou disparu pendant la période de guerre qui dura de 1778 à 1782.

De Ribiers, Capitaine de vaisseau, Commandant en second.

Tué ou disparu pendant la période de guerre qui dura de 1778 à 1782.

De Longueval, Capitaine de vaisseau, Commandant en second.

M. de Longueval sauta avec un vaisseau (probablement l'*Intrépide,* de 74 canons), incendié dans la rade du cap Français, le 24 juillet 1781.

De Chambertrand, Capitaine de vaisseau, Commandant en second.

Noyé pendant la période de guerre qui dura de 1778 à 1782.

De Ribiers, Commandant la *Speedy.*

Tué en combattant plusieurs bâtiments anglais aux Antilles. Décembre 1782.

20 hommes furent tués et 14 blessés, dont MM. de Saint-Félix, enseigne de vaisseau, et de la Chaumonterie, lieutenant au régiment de Limousin.

Dupas de La Mancelière, Commandant l'*Ajax.*

Tué au combat de Gondelour (Inde). 23 juin 1783.

---

1. Pour les noms des officiers tués ou blessés pendant la guerre de 1778-1783, voir appendice VII.

Fleuriot de Langle, Commandant l'*Astrolabe* (expédition de La Pérouse).

Massacré par des sauvages. 1788[1].

Huon de Kermadek, Commandant l'*Espérance* (expédition de d'Entrecasteaux).

Mort du scorbut. 1793.

Haumont, Commandant le *Thémistocle.*

Tué au bombardement de Cagliari, le 15 février 1793[2].

Duval, Commandant le *Tourville.*

Tué par la rupture d'une manœuvre. Mars 1793.

L'équipage du *Tourville,* comme ceux du reste de toute l'escadre de Brest, était composé de marins agités par des idées révolutionnaires, de soldats nullement habitués à la vie de bord, et de paysans ou de volontaires plus ignorants et plus indisciplinés encore. Aussi, une nuit, le capitaine Duval ayant ordonné une manœuvre, et personne n'obéissant, tellement était grande la mauvaise volonté de l'équipage, il voulut lui-même montrer l'exemple en saisissant une manœuvre. L'écoute de grand'voile le frappa si violemment en pleine poitrine qu'il mourut quelques heures après[3].

Desgarceaux, Commandant une division de frégates.

Tué (la tête emportée par un boulet) dans une rencontre avec une division de frégates anglaises dans la Manche. 25 avril 1794.

---

1. M. de Langle périt victime de sa patience et de son observation des ordres qu'il avait reçus. Ceux-ci, en effet, étaient formels, le roi Louis XVI ayant ordonné aux chefs de l'expédition de ne faire usage des armes que lorsqu'ils seraient attaqués.

2. Ancien officier de la marine de Louis XVI, ce fut le premier commandant de vaisseau tué sous le nouveau pavillon.

3. Sur le rôle d'équipage du *Tourville* (Armements de Brest), la mort du capitaine Duval est ainsi mentionnée : « Tué à bord, le 18 mars 1793, d'un coup de l'écoute de la pouillousse (*sic*) qu'il a reçue sur l'estomac. »

Vandongen, Commandant le *Révolutionnaire* (anciennement *Bretagne*).

Tué à la bataille du 8 prairial (28 mai 1794).

Bertrand Kéranguen, Commandant l'*Éole*, de 78 canons.

Tué à la bataille du 13 prairial (1er juin) 1794 [1].

Bazire, Commandant la *Montagne*, de 124 canons, Capitaine de pavillon du Contre-amiral Villaret-Joyeuse, Commandant en chef l'escadre de Brest.

Tué à la bataille du 13 prairial (1er juin) 1794.

Desmartis, Commandant le *Jemmapes*, de 78 canons.

Tué à la bataille du 13 prairial (1er juin) 1794.

De Goy, Commandant le *Scipion*, de 74 canons.

Sauté dans le port de Livourne, le 26 novembre 1791.

Ce bâtiment brûla pendant 6 heures au milieu de vaisseaux anglais. M. de Goy ne voulut pas quitter son bord. 3 officiers et 250 hommes sur 600 périrent; les autres se réfugièrent en Corse ou à la Spezzia.

Hue, Capitaine de vaisseau, second du *Ça-Ira*.

Mort des blessures reçues au combat fameux livré par ce vaisseau, commandant Coudé, le 15 mars 1795 [2].

---

1. Les rôles d'équipages des vaisseaux qui combattirent le 13 prairial se trouvent aux archives de Brest. Seuls, ceux de la *Montagne* et du *Vengeur* ont été tenus au courant. (Pour la liste des états-majors de ces vaisseaux, voir appendice X.)

2. Pour l'état-major du *Ça-Ira,* voir appendice XI. — Sur le rôle du *Ça-Ira,* M. Hue est marqué comme « capitaine de vaisseau, mort aux eaux d'Aix ». Comme ce rôle n'est que le rôle des armements, c'est-à-dire le double du vrai rôle qui dut disparaître après le combat, il est probable que ce grade de capitaine de vaisseau est celui qui fut donné à ce brave officier après l'héroïque combat du *Ça-Ira*. M. Hue devait être capitaine de frégate au moment du combat.

Leblond Saint=Hilaire, Commandant l'*Alcide,* de 78 canons.

Disparu dans l'explosion de ce bâtiment pendant un combat de la division du contre-amiral Martin contre une escadre anglaise, au large de Fréjus. 19 juillet 1795.

La moitié de l'équipage disparut avec l'*Alcide.* Le reste, environ 260 hommes, fut recueilli par les embarcations anglaises.

Le Gouvernement décréta qu'une pension serait allouée à la veuve du capitaine et reversible sur la tête de l'enfant qu'elle était sur le point de mettre au monde. Le décret ordonnait, en outre, que si cet enfant était du sexe masculin, le prénom d'Alcide lui serait donné (Mme Leblond eut un fils qui fut page de l'empire en 1810) [1]. [Pour l'état-major de l'*Alcide,* voir Appendice XI.]

Dufossey, Commandant le *Séduisant,* de 78 canons.

Noyé dans le naufrage de ce vaisseau sur le Grand-Stévennec (Raz de Sein). 16 décembre 1796.

(Expédition d'Irlande. Tous les officiers périrent [2].)

Thévenard fils, Commandant l'*Aquilon,* de 78 canons.

Mort de ses blessures, ayant eu les deux jambes emportées. Bataille d'Aboukir. 1er août 1798 [3]. (Voir appendice XIII.)

---

1. Il est curieux de voir dans un décret, document officiel, écrit en général avec sécheresse, le ministre s'occuper d'une façon aussi touchante d'un enfant orphelin avant d'être né.

2. Un mois auparavant, dans une fête donnée à bord à l'occasion du départ de l'expédition, une pièce avait éclaté pendant un salut et avait tué ou blessé 20 hommes.

3. Voici le résumé des pertes subies par l'escadre française à Aboukir, en outre des officiers cités :

Le vice-amiral Brueys, tué ; contre-amiral Blanquet du Chayla, blessé

Casabianca, Commandant l'*Orient*, de 124 canons.

Disparu au milieu des débris de ce vaisseau lorsqu'il sauta. Bataille d'Aboukir. 1ᵉʳ août 1798. (Voir appendice XIII.)

Gilet, Commandant le *Franklin*, de 86 canons.

Bataille d'Aboukir. 1ᵉʳ août 1798. (Voir appendice XIII.)

Du Petit=Thouars, Commandant le *Tonnant*.

Mort de ses blessures. Bataille d'Aboukir. 1ᵉʳ août 1798. (Voir appendice XIII.)

Le Joille [1], Commandant le *Généreux*, de 82 canons.

Tué à l'attaque de Brindisi. 3 mars 1799.

Caro, Commandant la *Vengeance* et une division de frégates.

Tué en combattant la frégate anglaise *San-Fiorenzo*. 18 avril 1799.

---

grièvement au visage ainsi que les capitaines de vaisseau Étienne, Dalbarade, Émeriau, Racord, Cambon ; 3,000 hommes tués, noyés ou blessés.

Les principales pertes des vaisseaux furent les suivantes :

Le Conquérant, capitaine Dalbarade : 130 hommes tués, 90 blessés ; le second, Roux, tué.

Le Spartiate, capitaine Émeriau : 64 morts, 150 blessés.

Aquilon, capitaine Thévenard : 87 hommes tués, 213 blessés ; le capitaine de frégate Confoulen reçut quatre blessures.

Peuple-Souverain, capitaine Racord : 96 tués, 150 blessés.

Franklin, capitaine Gilet, contre-amiral du Chayla : 400 hommes hors de combat ; tous ses canons démontés sauf trois. Ce fut le capitaine de frégate Martinenq qui commanda pendant presque tout le combat.

Orient, capitaine Casabianca, vice-amiral Brueys : plus de 800 hommes tués ou blessés ; 70 à peine furent sauvés par les Anglais.

Tonnant, capitaine du Petit-Thouars : 110 hommes tués, 150 blessés sur 550 ; ce vaisseau étant loin d'avoir son effectif réglementaire.

(Pour le détail des officiers tués ou blessés, voir appendice XII)

1. Voir contre-amiral Perrée.

Laindet=Lalonde, Commandant le *Formidable*, de 86 canons.

Combat d'Algésiras. 6 juillet 1801 [1].

Montcousu, Commandant l'*Indomptable*, de 86 canons.

Combat d'Algésiras. 6 juillet 1801.

Baudin, Commandant une expédition de circumnavigation.

Mort du scorbut et des fatigues endurées à l'île de France, le 16 septembre 1803.

Cette expédition se composait des frégates *Géographe,* qu'il commandait, et *Naturaliste,* capitaine Hamelin.

Depéronne, Commandant l'*Intrépide*, de 86 canons.

Tué au combat du cap Finistère. 22 juillet 1805.

Beaudouin, Commandant le *Fougueux*, de 78 canons.

Tué à la bataille de Trafalgar. 21 octobre 1805 [2].

Le *Fougueux* perdit 400 hommes.

---

1. Voici les pertes de la division Linois à Algésiras. Tués : Lanaspère et Legras, lieutenants de vaisseau ; blessés : Marchand, Legrand, Wistorte, Magne et Clémantin, enseignes de vaisseau.

2. Voici, d'après les *Guerres maritimes* de l'amiral Jurien de la Gravière, le minimum des pertes en officiers subies à Trafalgar :

    1 contre-amiral (Magon), tué ;
    4 capitaines de vaisseau tués, 3 blessés ;
    6 capitaines de frégate tués, 1 blessé ;
    13 lieutenants de vaisseau tués, 15 blessés ;
    14 enseignes de vaisseau tués, 7 blessés ;
    26 aspirants de marine tués, 19 blessés ;
    14 officiers de troupe tués, 16 blessés ;
    2 médecins tués et 1 blessé ;
    1 commissaire tué.

Mais il y a plusieurs bâtiments dont M. de la Gravière n'a pu donner les pertes. Il est vrai que ce sont ceux qui ont le moins pris part au combat.

Gourrège, Commandant l'*Aigle*, de 78 canons.

Tué à la bataille de Trafalgar. 21 octobre 1805.

Le capitaine Gourrège mourut de ses blessures.

Filhol Camas, Commandant le *Berwick*, de 86 canons.

Tué à la bataille de Trafalgar. 21 octobre 1805.

Dans une lettre intime, écrite le matin même de la bataille et remise entre les mains du chirurgien du *Berwick*, le commandant Camas recommandait d'envoyer à sa famille, en cas de mort, ses décorations, « afin d'apprendre à ses enfants « comment on s'en rend digne et de leur donner un exemple « de dévouement à imiter [1] ».

Deniéport, Commandant l'*Achille*, de 86 canons.

Tué à la bataille de Trafalgar. 21 octobre 1805.

Ce dernier bâtiment perdit presque tous ses officiers et

Dans ce total est compris l'état-major de l'*Indomptable*, dont 26 officiers sur 29 disparurent, et 5 officiers du *Bucentaure*, noyés sur l'*Indomptable*.

Un fait remarquable, qui se déduit de l'examen des pertes à la Dominique (21 officiers tués, 43 blessés) et à Trafalgar (87 tués pour 62 blessés) et, en général, de celui de tous les combats sur mer, c'est la proportion énorme de tués comparée à celle des blessés, proportion bien différente de celle constatée dans les combats sur terre, qui est de 1 tué pour 3 ou 5 blessés environ. Cela est évidemment dû à l'arme employée, le canon, et aux éclats produits par les projectiles, joints aux chutes de mâtures, incendies, engloutissement des vaisseaux, etc... ; tandis qu'à terre un blessé, s'il n'est pas oublié, cas en somme relativement rare, a des chances d'être sauvé, et un homme valide a presque toutes les chances de se tirer d'affaire. La chose est aussi frappante quand on lit le résultat des recherches que fit à Cadix l'amiral Rosily : cet officier général trouva 3,373 hommes tués ou noyés et 1,155 blessés (Troude). A Aboukir, il y eut 48 officiers tués pour 48 blessés (rôles d'équipage). Cela fait comprendre l'originale et énergique expression du matelot disant : « Sur terre, vous vous fusillez avec des balles, nous, à bord, nous nous fusillons avec des boulets. »

(Pour les noms des officiers tués ou noyés, voir appendice XIII.)

1. Ch. Rouvier.

avait, lorsqu'il se rendit, 480 hommes hors de combat. Il était commandé par l'enseigne Cauchard, lorsque le feu prit à bord. L'incendie n'ayant pu être éteint, l'*Achille* sauta à 5ʰ 30 du soir, engloutissant les blessés et 36 hommes valides.

Hubert, Commandant l'*Indomptable,* de 86 canons.

Perdu corps et biens après la bataille de Trafalgar. 22 octobre 1805.

Il avait à bord 500 hommes du vaisseau amiral *le Bucentaure,* naufragé la veille. Sur 1,200 hommes, 130 seulement échappèrent.

Touffet, Commandant le *Duguay-Trouin.*

Tué dans le combat de la division Dumanoir, le 3 novembre 1805.

Maingon, Commandant l'*Aquilon.*

Blessé mortellement à l'affaire des brûlots de l'île d'Aix. 12 avril 1809.

Dubourdieu, Commandant la *Favorite,* de 44 canons.

Tué à l'attaque de Lissa. 12 mars 1811.

Le capitaine de frégate Lamare-Lameillerie fut également tué, ainsi que les lieutenants de vaisseau Pison et Camus, et l'enseigne Audrich blessé mortellement; ce fut l'enseigne de vaisseau Villeneuve-Bargemont qui prit le commandement.

Drouault, Commandant l'*Amphitrite,* Chef d'état-major du Vice-amiral Duperré, Commandant l'escadre des Antilles.

Tué par la rupture d'une manœuvre. 30 janvier 1826.

Laurencin, Commandant l'*Austerlitz,* de 100 canons.

Tombé à la mer pendant un coup de vent dans la Baltique, le 4 octobre 1855, à 9 heures du soir.

Rivière, Commandant le corps d'occupation du Tonkin.

Tué dans une sortie, au Pont-de-Papier, près d'Hanoï, le 19 mai 1883 [1].

---

[1]. En même temps que lui tombaient mortellement frappés : Berthe de Villers, chef de bataillon d'infanterie de marine; Jacquin, capitaine; d'Hérail de Brisis, lieutenant; Moulun, aspirant de marine.

MM. Sentis et Duboc, lieutenants de vaisseau; Le Bris et Clerc, enseignes; Ducorps, sous-commissaire, furent blessés, ce dernier grièvement. Le lieutenant Marchand et l'ingénieur hydrographe Garnier furent également blessés.

Le commandement fut pris par le lieutenant de vaisseau Pissère, qui protégea la retraite aidé par le capitaine Puech et le lieutenant de vaisseau de Marolles.

Les marins eurent 46 hommes hors de combat. 54 blessés en tout purent être ramenés. 29 cadavres durent être laissés entre les mains des ennemis.

Pendant l'attaque, le clairon Béhuré, de la 31e du 2e, accomplit un acte de véritable héroïsme : atteint de deux balles dans le corps, il continua à sonner la charge.

CAPITAINES DE FRÉGATE

Croisic, Commandant la *Légère,* de 24 canons.

Tué pendant un combat acharné avec un vaisseau hollandais de 36 canons sur les côtes de Biscaye. Février 1793.

18 hommes seulement restèrent debout du brave équipage de la *Légère.*

Dubédat, Commandant la *Citoyenne.*

Tué en combattant l'*Iris,* de 32 canons. 13 mars 1793.

Le combat, bord à bord, dura de 6 heures à 8 heures du soir. 16 hommes furent tués et 37 blessés. Les avaries de la *Citoyenne* permirent à l'ennemi, très éprouvé lui-même, de s'éloigner. Le second, Rigal, prit le commandement de la *Citoyenne* [1].

Gaillard, Commandant la *Sémillante,* de 36 canons.

Tué par une balle en combattant la frégate anglaise de 36 canons *la Vénus.* 17 mai 1793.

L'officier en second, le lieutenant de vaisseau Belleville, fut également tué. Le commandement revint au lieutenant de vaisseau Garreau. 12 hommes avaient été tués et 20 blessés. L'équipage de la *Sémillante* était affaibli par l'amarinage de 2 corsaires anglais de 14 et 18 canons.

---

1. Lettre de l'ordonnateur de Bordeaux au ministre de la marine, en date du 6 juin 1793, demandant une pension pour la veuve du capitaine Dubédat.

Mullon, Commandant la *Cléopâtre*, de 36 canons.

Tué en combattant la frégate de 44 canons *Nymphe*. 17 juin 1793.

On dit que ce brave officier avala, avant d'expirer, la liste des signaux de côte qu'il avait à la main [1].

Le Tartu [2], Commandant l'*Uranie*, de 40 canons.

Blessé mortellement en combattant le *Thames*, de 32 canons, près d'Ouessant. 24 octobre 1793.

L'*Uranie* était encombrée de 260 prisonniers et avait 60 hommes de son équipage en moins, ayant fait plusieurs prises. Sans ces circonstances, elle se fût infailliblement emparé de la frégate anglaise. Ce bâtiment ayant été capturé quelques jours après par la division Allemand, la Convention décréta qu'elle serait appelée le Tartu.

Le brave capitaine de l'*Uranie* avait eu une cuisse emportée et il mourut le jour même. A son lit de mort, il dit à son fils, âgé de 10 ans, qu'il avait avec lui à bord : « Mon fils, je « meurs pour la liberté de mon pays. Apprends à combattre « pour elle et sois l'ennemi des tyrans. »

Le commandement fut pris par le lieutenant Wuibert. (Ch. Rouvier.)

Riouffe, Commandant l'*Inconstante*, de 36 canons.

Blessé mortellement en combattant les frégates *Pénélope* et *Iphigenia*, de 40 canons, près de Saint-Domingue. 25 novembre 1793.

---

1. *Histoire de la Marine française; Les Marins de la République*, par Ch. Rouvier, lieutenant de vaisseau. C'est dans ce très intéressant ouvrage que j'ai puisé plusieurs curieux renseignements sur quelques combats de frégates.

2. Voir pour une anecdote curieuse sur cet officier : *Capitaines de vaisseau*, baron de Marigny. Bat. de la Dominique, 1782.

Wuibert, Commandant la frégate *le Tartu*.

Mort des fatigues de la campagne, en 1794.

Cet officier, qui commandait une petite division de frégates, avait été envoyé dans la mer du Nord. La campagne fut tellement dure par suite du froid, du mauvais état de la mer, des vivres insuffisants, que le brave Wuibert mourut. Son remplaçant, le lieutenant de vaisseau Le Bozec, succomba à son tour. Le commandement de la frégate revint alors au lieutenant de vaisseau Le Goïc. (Ch. Rouvier.)

Conseil, Commandant la *Pique,* de 36 canons.

Tué en combattant la frégate anglaise *la Blanche*. 4 janvier 1795.

La *Pique* ne se rendit que complètement démâtée et coulant bas d'eau. Elle avait 76 hommes tués et 110 blessés [1].

Latour, Commandant la *Seine,* de 38 canons.

Tué au combat de la division Sarcey, dans l'Inde. 10 septembre 1796.

Foucauld, Commandant la *Vestale,* de 40 canons.

Tué en combattant la frégate anglaise *Terpsichore,* de même force. 12 décembre 1796.

La *Vestale,* qui était en partie démâtée par le mauvais temps quand la *Terpsichore* l'attaqua, fut obligée d'amener après un combat opiniâtre. Mais, séparée de son adversaire par la mer

---

1. Ce beau combat avait eu lieu dans les mers des Antilles où se distingua également à la même époque un officier de marine, Sénès. Commandant la corvette de 18 canons de 8, le *Décius,* ce lieutenant de vaisseau livra un mémorable combat à la frégate anglaise de 46 canons de 16, le *Lapwing.* Dans un premier engagement, il était parvenu à se faire abandonner de son puissant adversaire. Mais le lendemain, le combat ayant recommencé, acharné, le *Décius* coula avec son pavillon que son brave commandant n'avait pas voulu amener et entraînant dans l'abîme les cadavres de 120 de ses matelots (80 tués et 40 blessés). Sénès et les survivants du *Décius* furent recueillis par les Anglais.

qui était fort grosse, elle fut reprise, sur la garnison anglaise qui y avait été mise, par l'équipage commandé par l'enseigne de vaisseau Jacques. Ce brave officier avait pourtant été grièvement blessé pendant le combat, ainsi que le lieutenant de vaisseau Gaspard, officier en second.

Deniau, Commandant l'*Impatiente*, de 44 canons.

Perdue corps et biens, en janvier 1797, pendant l'expédition d'Irlande.

Legrand, Commandant l'*Immortalité*.

Tué en combattant le *Fisgard*. 20 octobre 1798.

Le général Ménage, passager à bord, fut grièvement blessé et mourut par la suite. 100 hommes furent mis hors de combat. Le second, Audouard, n'amena que coulant bas d'eau.

Beaulieu=Leloup, Commandant la *Forte*, de 42 canons.

Tué en combattant la *Sybille*, de 48 canons, sur la côte du Bengale dans la nuit du 1er mars 1799.

Le lieutenant Vigouroux, second de la *Forte*, tué aussi, fut remplacé par le lieutenant de vaisseau Luco. La frégate, rasée comme un ponton, avait 60 tués et 75 blessés.

Lefebure=Plancy, Commandant la *Désirée*.

Blessé mortellement en combattant le *Dart*, de 30 canons. 7 juillet 1800.

Tous les officiers de la *Désirée* furent tués ou mortellement blessés à l'exception d'un enseigne qui survécut, malgré six blessures.

Prévost=Lacroix, Commandant la *Dédaigneuse*, de 40 canons.

Tué par un biscaïen en combattant deux frégates anglaises de 44 canons au large du Ferrol. 27 janvier 1801.

Saunier, Commandant l'*Africaine*, de 44 canons.

Blessé mortellement en combattant la *Phœbé*, de même force, près de Gibraltar. 19 février 1801.

Tout l'état-major fut blessé. Parmi les officiers de troupe passagers, 5 furent tués et 7 blessés. L'équipage eut 127 morts et 176 blessés. En tout, 333 hommes hors de combat. Sur les 300 passagers, 79 furent tués et 85 blessés dont les deux généraux Desfourneaux [1].

Chassériau, Commandant la *Chevrette*.

Tué le 21 juillet 1801.

Cette frégate fut enlevée au mouillage de Camaret, au changement de quart de 11 heures du soir, par 20 à 25 embarcations anglaises. Un timonier, Stech [2], blessé une première fois au bras, continua à se battre vaillamment jusqu'au moment où il eut l'autre bras coupé par un coup de hache. Le capitaine d'armes Guillardy tua 7 Anglais de sa main et reçut onze blessures. Un aspirant, en punition dans la grande hune, se défendit à coups d'épissoir et, bien que blessé, les Anglais durent le ligotter et l'affaler ainsi sur le pont.

Sur 177 hommes d'équipage et 120 passagers, 3 officiers, 3 aspirants, 1 lieutenant de troupe furent tués ainsi que 85 soldats ou marins ; 62 hommes furent blessés.

Un canot avec quelques hommes et 2 aspirants, dont l'un blessé très dangereusement, parvint à s'échapper [3].

---

1. On comprend que tous les coups devaient porter dans un pareil entassement d'hommes ! Voilà un combat presque oublié et qui, avec celui du *Redoutable* et du *Ça-Ira,* devrait être inscrit en lettres d'or dans nos écoles de la marine.

2. Stech était auparavant agent comptable. N'ayant pu obtenir d'être nommé aspirant comme il le désirait, il s'était engagé comme timonier. Il faisait les fonctions d'officier et était de quart lors de l'attaque.

3. Ch. Rouvier et correspondance du préfet maritime de Brest avec le ministre.

Par décret du 9 mai 1802, le timonier volontaire Stech fut nommé enseigne. Guillardy, sergent de la 5e demi-brigade, fut nommé lieutenant en second.

Poulain, Commandant le *Héros*, de 78 canons.

Tué à Trafalgar. 21 octobre 1805.

Letourneur, Commandant l'*Algésiras*, de 86 canons.

Tué à Trafalgar. 21 octobre 1805.

Reynaud, Commandant la *Ville-de-Milan*, de 44 canons.

Tué en combattant, au large des Bermudes, la frégate *Cléopâtra*, de 40 canons. 16 février 1805.

La frégate anglaise fut enlevée à l'abordage, ayant 37 tués et 27 blessés. La *Ville-de-Milan,* qui revenait de conduire des renforts à la Martinique, eut 14 tués et 17 blessés. Malheureusement elle fut prise quelques jours après par une frégate et un vaisseau anglais.

Pinsum, Commandant la *Thétis*, de 40 canons.

Tué en combattant, au large de Lorient, la frégate de 42 canons *Améthyst*. 10 novembre 1808.

Rousseau, Commandant la *Junon*, de 44 canons.

Blessé mortellement en combattant 2 frégates et 2 brigs, aux Saintes. 10 février 1809.

Denis de Tropbriant, Commandant l'*Amphitrite*.

Tué à terre, après avoir évacué et brûlé cette frégate, au siège de Fort-de-France. Janvier 1809.

Le capitaine de Tropbriant fut blessé mortellement par une bombe qui, en éclatant, lui emporta une cuisse, brisa l'autre et lui fit d'énormes blessures à la poitrine et à la tête [1].

« Dans cet état, le capitaine de Tropbriant prononça, encore d'une voix forte, ces paroles dignes d'un héros : « Je

---

1. *La Guerre aux Antilles,* par le colonel de Poyen.

« meurs pour ma patrie ; je recommande ma femme et mes
« enfants à l'amiral Villaret. Vive l'Empereur ! » C'est ainsi
que finit cet intrépide marin [1]. »

Villon, Commandant la *Danaë,* de 44 canons.

Disparue par suite de l'explosion des soutes, en rade de
Trieste, dans la nuit du 4 septembre 1812.

Un seul homme put se sauver. Il ne put fournir aucune
explication sur les causes de la catastrophe.

Lemaresquier, Commandant la *Néréide,* de 44 canons.

Tué en combattant des frégates anglaises, à Tamatave. 19 mai
1811.

Roquebert, Commandant la *Renommée.*

Tué dans le même combat.

Halley, Capitaine de corvette, Commandant l'*Ile-
Christine* (Iles Marquises).

Tué dans une rencontre avec les indigènes. 18 septembre
1842.

En même temps que lui, fut tué le lieutenant de vaisseau
Lafont de Ladébat.

Jugan, Commandant la *Sémillante,* frégate de 1er rang.

Perdue corps et biens dans les Bouches de Bonifacio, le 15 février 1855.

« Seul, sur 250 cadavres ensevelis, jusqu'à ce moment, le
« corps du capitaine Jugan a été trouvé à peu près intact et
« parfaitement reconnaissable ; cet état de présentation était
« dû au paletot d'uniforme dans lequel il a été trouvé encore
« entièrement boutonné. Tous les autres cadavres étaient nus
« en grande partie. »

---

1. Journal du siège de Villaret-Joyeuse.

« La mort a donc trouvé ce brave et infortuné capitaine fai-
« sant courageusement son devoir et luttant jusqu'au dernier
« moment pour les autres sans songer un seul instant à lui-
« même. » (Rapport au Préfet maritime de Toulon, fait par
le lieutenant de vaisseau Bourbeau, capitaine de l'aviso à
vapeur *l'Averne,* chargé de rechercher les corps et de les en-
terrer.) [Voir appendice XVIII.]

Bourdais, Commandant le *Monge,* Commandant en
second l'expédition du Contre-amiral Page, à l'attaque de Mythô.

Tué par un biscaïen, le 13 avril 1861.

Gout, Capitaine de corvette, Commandant la corvette
le Berceau, de 32 canons,

Disparue corps et biens, dans un cyclone, dans la nuit du 12 au
13 décembre 1846, en se rendant de la Réunion à Sainte-Marie
de Madagascar.

Charlemagne, Commandant le *Monge,*

Disparu corps et biens dans un cyclone sur la côte d'Annam,
dans les premiers jours de novembre 1868. (Voir appendice XVIII.)

Peyrouton Laffon de Ladebat, Commandant le
Renard,

Disparu corps et biens, dans un cyclone, à l'entrée du golfe
d'Aden, le 3 juin 1885. (Voir appendice XVIII.)

LIEUTENANTS DE VAISSEAU

Jocet, Commandant le.....

Sauté avec son navire dans un héroïque combat devant Cadix. (1620)[1].

Saint=Michel, Capitaine de brûlot.

Tué à l'attaque de Larrède. 13 août 1639.

De Montfleury, Commandant la *Coraline.*

Tué en combattant un navire algérien. Janvier 1641.

Chevalier de Bretteville, Commandant la....., frégate[2] de 10 canons et 60 hommes.

Tué en combattant un bâtiment hollandais de 20 canons et 120 hommes près du Havre. 15 juillet 1674.

Son fils, second à bord, son pilote et 18 hommes furent tués. Cinq abordages furent repoussés par le lieutenant de vaisseau de La Chesnaye qui parvint à se faire abandonner de son ennemi.

De Beauvoisis, Commandant un brûlot.

Tué à la bataille de Stromboli. 8 janvier 1676.

---

1. Ce brave officier, voyant son navire entouré par plusieurs navires espagnols et sur le point de succomber après un combat acharné, préféra se faire sauter plutôt que de se rendre.

2. A cette époque, on appelait frégate ou barque longue tout bâtiment portant dix canons.

De La Galissonnière, Commandant un brûlot.

Tué à la bataille de Stromboli. 8 janvier 1676.

Chevalier de Lieutaud, Commandant une frégate légère.

Tué le 16 novembre 1676.

De Longchamps, Commandant la barque longue *l'Utile*.

Mort de faim, en juillet 1680.

Cette petite frégate, séparée par le mauvais temps de l'escadre du comte d'Estrées et en avaries, avait demandé du secours à une frégate espagnole. Celle-ci conduisit *l'Utile* à Carthagène où les Français, après avoir été fort maltraités, furent abandonnés sans vivres dans une petite barque anglaise où ils ne tardèrent pas à succomber[1].

Hitton, Commandant la frégate *le Cheval-Marin* (escadre de M. de Vaudricourt).

Tué en combattant un vaisseau de 50 canons..... 1680.

Le second du *Cheval-Marin* fut tué également. Après 3 heures d'un combat opiniâtre, le vaisseau anglais se rendit.

De Quinée, Commandant la barque longue *la Belle*.

Noyé dans le naufrage de son bâtiment dans la rade du Petit-Goave (partie occidentale de Saint-Domingue). Août 1680.

Porcon de La Barbinais, Commandant la frégate

---

1. Nous n'étions pas en guerre avec les Espagnols. Mais on sait que ces derniers traitaient avec la dernière cruauté, non seulement leurs propres colonies, mais tous les étrangers qui s'en approchaient, tellement ils étaient jaloux d'empêcher ceux-ci de pénétrer sur les territoires qui pouvaient recéler des mines d'or. On sait aussi combien ce système de férocité à outrance leur a réussi !

la....., prise après un héroïque combat sur les côtes d'Algérie.

Décapité par ordre du dey d'Alger. 1681 [1].

Simon, Capitaine de brûlot, Commandant l'*Inginet.*

Tué le 2 novembre 1683.

De La Mothe d'Héran, Commandant la.....

Tué en combattant une frégate anglaise sous Belle-Isle, le... 1689.

Cheville, Commandant les frégates *Triomphante* et *Saint-Thomas.*

Tué à Saint-Domingue en combattant plusieurs frégates ennemies. 22 janvier 1691.

De Nagles, Commandant le *Marin,* de 28 canons.

Tué en combattant, au nord de l'Irlande, un bâtiment anglais de 34 canons, le *Henry,* le 22 juillet 1695.

---

1. Porcon de La Barbinais était né à Saint-Malo le 31 octobre 1639. Tous les marins connaissent le dévouement et l'acte d'honneur militaire accompli par cet officier.

« Commandant une frégate de Saint-Malo, de 36 canons, dit Donneaud dans ses *Gloires maritimes de la France,* de La Barbinais fut pris par des forces supérieures après plusieurs années de succès. Le dey, le prenant pour un grand seigneur, le chargea d'aller porter au roi des propositions de paix, à condition de venir reprendre ses fers s'il échouait dans sa négociation. La vie de six cents Français, prisonniers comme lui, répondait de sa parole. Porcon n'ayant pu faire agréer à Louis XIV les propositions inacceptables du dey, passa à Saint-Malo pour mettre ordre à ses affaires et revint à Alger où le dey, n'écoutant que sa colère, lui fit trancher la tête en 1681. »

Notre manie de comparer toutes nos actions à celles accomplies par les Romains ou par les Grecs l'a fait surnommer le Régulus français. De La Barbinais était gentilhomme : ce fut un héros, et il est bien probable qu'il ignorait qu'il y eût eu un Régulus. Il a été brave, il a été loyal, parce qu'il était officier. Aussi l'élite de la jeunesse de France connaît-elle le Romain qui n'a peut-être jamais existé et ignore-t-elle le Français dont elle devrait se glorifier !

Le feu prit à bord de ce navire, qui s'engloutit avec sa cargaison estimée 3 millions et demi de livres.

Dugay=Trouin, cadet, Commandant une frégate de 16 canons.

Tué dans un débarquement en Espagne, en 1696.

Dessaudrais du Fresne.

Tué dans le combat que livra, au large de Brest, la division de Dugay-Trouin, composée de 3 vaisseaux et 2 frégates, à une division de 3 vaisseaux hollandais escortant un fort convoi. 1697.

2 vaisseaux de guerre ennemis et 12 navires marchands furent pris.

Cléron de Querdin, Commandant la *Gentille*.

Tué dans le golfe de Venise, le 3 avril 1702.

Chevalier de La Balde, Commandant la *Jolie*.

Noyé dans le naufrage de ce bâtiment sur la barre de Bayonne. 21 novembre 1702. (Voir appendice II.)

De Sanzé de Crissé, Commandant la *Vipère*,

Naufragée près du Passage, le 1er janvier 1703.

Chevalier de Chabons, Capitaine de brûlot, Commandant le *Dangereux*.

Tué le 3 juin 1703.

Chevalier de Marolles, Commandant en course la *Galathée*.

Tué le 28 mars 1705.

De Nicolay, Commandant une galiote.

Tué devant Gibraltar, en avril 1705.

Beaubriant, Commandant le *Philippe*.

Naufragé sur la côte de Guinée, le..... 1705.

De Vaujoux, Commandant la *Diane*.

Noyé en sortant du Port-Louis. Juin 1705.

Dugay=Trouin, le jeune, Commandant la frégate *la Valeur* [1].

Tué en combattant un corsaire flessinguois de 44 canons, devant Saint-Jean-de-Luz. Décembre 1705.

Cochard, Capitaine de brûlot, Commandant la *Dryade*.

Tué le 2 octobre 1709.

Deschapelles=Montarlot, Commandant la *Marie-Françoise*.

Mort des suites de ses blessures, le 17 septembre 1709.

De Sabrevois, Commandant le *Bristol,* de 60 canons,

Sombré avant d'entrer à Brest, en 1709.

Ce bâtiment avait été pris quelque temps auparavant par Dugay-Trouin, commandant l'*Achille*. Le 1er lieutenant, de La Harteloire, ayant été tué pendant le combat, le commandement de la prise avait été donné à M. de Sabrevois. Malheureusement le *Bristol,* quoique tout neuf, avait été tellement abimé, qu'on ne put aveugler les voies d'eau.

Chevalier Lombard du Castelet, Commandant le *Trident*.

Mort de ses blessures, le 30 avril 1711.

---

1. Par un jeu de mots, les marins l'avaient surnommé le capitaine « La Valeur ». Il n'avait que 21 ans quand il fut tué. Plusieurs historiens l'appellent Nicolas-Trouin.

L'Aigle, Capitaine de brûlot, Commandant le *Phénix*.

Tué le 6 juillet 1711.

Chauvel de Jonval, Capitaine de brûlot.

Tué, commandant l'*Amitié,* le 13 juin 1711.

Parent, Capitaine de brûlot.

Tué, commandant la *Galathée,* le..... 1712.

La Barberie=Malville, Commandant l'*Indien*.

Tué sur la côte de Guinée. 20 mars 1712.

De La Vérune, Commendant le *Fendant,*

Perdu corps et biens, le 18 avril 1713 [1].

De Nangis, Commandant la *Parfaite,*

Perdue corps et biens, sur un banc près de l'île de Chypre, dans la nuit du 28 au 29 novembre 1718.

Percheron de Saint=James, Commandant le *Cha-meau*.

« Péry » à Québec. 27 août 1725.

Castillon, l'aîné, Commandant la *Sibylle*.

Noyé sur ce navire, le 29 août 1742.

De Sathir, Commandant la *Gloire*.

Tué le 14 mai 1747.

---

1. Dans les archives, M. de la Vérune, quoique lieutenant de vaisseau, est porté comme partageant le commandement du *Fendant* avec M. de Roquemador, capitaine de vaisseau, qui périt également dans ce naufrage. Peut-être ce dernier était-il entré récemment dans la marine.

Dhau, Commandant l'*Élisabeth,* de 74 canons.

Tué en combattant un vaisseau anglais au large d'Ouessant. 14 juillet 1745.

Il fut remplacé par le chevalier Bart.

Tailleris de Périgny, Commandant l'*Émeraude.*

Tué en montant à l'abordage d'une frégate anglaise au large d'Ouessant, le 22 septembre 1757.

Un seul officier, M. de Ravenel, fut épargné par la mitraille. Le second, Petit de Livilliers, et l'enseigne Siochan, furent tués. Les gardes de la marine, La Barre de Laurent et le chevalier de Treveneuc, faisant les fonctions d'officier, furent grièvement blessés ainsi que le garde de Granchain. 18 hommes avaient été tués ; 35 blessés.

Nicolas Gaillard, corsaire malouin, Commandant la frégate du roi, *Vengeance,* de 36 canons.

Tué en combattant un navire anglais. 1757 [1].

Comte de Beauharnais, Commandant la *Bellone,* de 32 canons.

Tué en combattant deux frégates de 36 canons au cap Finistère. 15 février 1758.

La *Bellone* ne se rendit que complètement démâtée et ses munitions épuisées ; 30 hommes seulement étaient en état de se défendre. Tous les officiers étaient tués ou blessés grièvement.

Boisberthelot, Commandant la *Vestale.*

Blessé mortellement en combattant le vaisseau anglais *Unicorn.* 8 janvier 1761.

---

1. Cet officier, commandant un navire de l'État et n'étant pas noble, devait plutôt être assimilé à un lieutenant de frégate. Dans le doute, je l'ai placé ici.

De Brémond, marquis d'Ars, Commandant l'*Opale*.

Tué en combattant une frégate anglaise de 36 canons au large d'Ouessant. 10 janvier 1761.

Le capitaine d'Ars était âgé seulement de 23 ans.

Son état-major se composait de MM. Pineau, de Trouillet, de Boisberthelot, du Jou, d'Orgeval; de Champigny, la chair des deux cuisses enlevée jusqu'à l'os, mourut de son horrible blessure; de La Martelière reçut un coup de pique, de Tromelin, reçut un éclat de bois au bras. 27 hommes furent tués; 62 blessés, presque tous gravement.

Donnel, Commandant la *Félicité*.

Tué le 23 janvier 1761.

Desages, Commandant la *Zénobie*,

Perdue corps et biens, sur la côte d'Angleterre, dans la nuit du 9 au 10 janvier 1762.

Dufresne=Marion, Capitaine de brûlot.

Massacré par les Indigènes de la Nouvelle-Zélande, pendant un voyage de circumnavigation, le 8 juin 1772.

De Marchis, Commandant la frégate *l'Épreuve*.

Massacré avec son équipage à Bornéo, en 1774 [1].

---

1. Une douzaine d'hommes seulement avaient été épargnés. Pour venger ce massacre, on forma, dans l'Inde, une expédition à moitié commerciale, à moitié militaire, composée de la frégate *l'Étoile*, de la corvette *l'Indiscrète* et de la chaloupe pontée *la Badine*, sous les ordres du lieutenant de vaisseau de Tropbriant. Cette expédition fut guidée par le nommé Léandre, domestique de M. de Marchis. Il existe aux archives nationales (Marine, B4 123, Fo 324) les instructions données au commandant de l'expédition et dont voici le résumé : « La mission doit agir avec prudence, sous pavillon danois, « espagnol ou anglais; croiser devant les rivières menant aux ports dépendant « du sultan de Passim (instigateur du massacre); capturer les bâtiments mar- « chands s'y rendant ou en sortant, prendre leur cargaison et les brûler; « détruire les équipages, sauf quelques hommes qu'on débarquera *après leur*

Chevalier Gardeur de Tilly, Commandant la *Concorde*.

Mort des blessures reçues en combattant la frégate *Congress*. 18 février 1779.

Bien qu'ayant été obligé, par suite de la fatigue de sa frégate, de jeter 12 de ses canons à la mer, ce brave capitaine s'était emparé d'un corsaire de 14 canons et résista victorieusement aux attaques de la *Congress*.

De Ligon de Catuelan, Commandant le *Triton*, de 30 canons.

Tué en montant à l'abordage d'une frégate de 40 canons. 1779.

Ce capitaine, blessé à mort, avait été transporté chez lui. Apprenant que son équipage ébranlé faiblissait, il se fit remonter sur le pont et exhorta ses hommes qui enlevèrent la frégate anglaise.

Ducouédic de Kergoualer, Commandant la *Surveillante*.

Mort des blessures reçues dans le beau combat livré à la frégate anglaise *Québec* au large d'Ouessant. 6 octobre 1779[1].

De Chambertrand, Commandant la *Diane*,

Chavirée dans un grain près de la Martinique entre 9 heures et 10 heures du soir. Mars 1780.

« avoir coupé le nez, les oreilles et quelquefois en outre le poing, afin que la circulation dans la contrée y témoigne de la vengeance du roi de France »

Un résumé des opérations faites par M. de Tropbriant existe aux archives B4 133, Fo 312).

1. Voici, d'après M. de Jonquières, les pertes de l'état-major de la *Surveillante* et les récompenses accordées aux officiers :

Du Couëdic : trois blessures dont deux graves causées par deux balles dans les reins. Fut promu capitaine de vaisseau.

De La Bentinaye, enseigne : le bras droit emporté ; trois doigts de la

Baron de La Haye, Commandant la frégate *la Char-mante*.

Noyé dans le naufrage de ce bâtiment, sur la chaussée de Sein, le 24 mars 1780 [1].

Royer, Lieutenant de vaisseau auxiliaire, Commandant une division de trois frégates de 28 canons.

Blessé mortellement en combattant une division de 4 frégates de 30 à 36 canons qui furent repoussées. 30 avril 1780.

---

main gauche coupés. Reçut la croix de Saint-Louis et une pension de 1,000 livres.

De Lostanges : œil droit crevé. Croix de Saint-Louis ; 350 livres de pension

Vauthier, officier auxiliaire : blessé à la poitrine et au bras. Nommé lieutenant de frégate et gratifié de 2,400 livres pour aller aux eaux.

Pirguière, officier auxiliaire : tué.

Dufresneau, officier auxiliaire : le seul officier qui ne fut pas blessé. Fut nommé lieutenant de frégate.

Les gardes de la marine Duvergier et les deux Ducouëdic, neveux du capitaine, furent nommés enseignes de vaisseau. Mais celui qui reçut pour sa belle conduite la récompense la plus flatteuse fut le second maître Lenang. Ce brave serviteur fut médaillé, présenté à Versailles et invité à la table du roi qui le fit officier.

1. Il existe aux archives de la marine (B4 174, F° 255) une relation de ce naufrage faite par M. Pussé ou Pucké, officier suédois, « le plus ancien des officiers qui se sont échappés du naufrage ».

La *Charmante* faisait partie de l'escadre de Duchaffault, destinée aux Indes. Elle toucha sur une roche et se creva à 7 heures et demie du matin. C'est en vain qu'on fit force de voiles pour gagner la terre qui était à 5 lieues : la frégate s'inclina bientôt sur le côté. On fut obligé d'amener les canots ; le premier chavira : 14 hommes purent regagner le bord. Les deux autres purent recueillir 80 hommes. Un officier, M. de Hoyais, se noya. MM. Pucké, Rouillard (officier auxiliaire), de Mengaud (officier d'infanterie, frère du capitaine), de Vandoré (officier auxiliaire), du Couëdic (enseigne), parvinrent à se sauver. Ce dernier, un des héros du combat de la *Surveillante* et neveu du célèbre commandant de cette frégate, fut recueilli sur un mât d'hune par M. Rouillard. Sur 26 hommes qui s'étaient accrochés à cette épave, 3 seulement furent sauvés.

Le Breton de Rausanne, Commandant la *Capricieuse*, de 32 canons.

Tué en combattant les frégates de 40 et 44 canons *Prudente* et *Licorne*. 5 juillet 1780.

La *Capricieuse* n'amena que lorsqu'elle commença à sombrer. L'officier en second, de Chapelle-Fontaine, avait été tué; l'enseigne, chevalier de Serval, blessé trois fois. Tous les autres officiers étaient également blessés. Presque tous les canons démontés, 100 hommes tués. Les Anglais ne pouvant emmener la frégate l'incendièrent.

De Longueval, Commandant l'*Inconstante,*

Incendiée et sautée sur la côte de Saint-Domingue. Août 1780.

De Mingo, Commandant la *Charmante,*

Perdue sur la chaussée de Sein. 1780.

60 hommes seulement purent se sauver.

Chevalier de Kergariou=Coatlès, Commandant la *Belle-Poule*, de 32 canons.

Tué en combattant le vaisseau anglais *Non-Such,* — 17 juillet 1780.

Le second, de La Motte-Tabourel, fut blessé; le garde du pavillon, Hurault de La Ville-Luisant, tué; 68 matelots furent mis hors de combat, ainsi que 14 soldats du régiment de Bresse, embarqués à bord.

La *Belle-Poule,* criblée, sombra à Plymouth.

De Mortemart, Commandant le *Richmond.*

Tué au combat de la Dominique. 12 avril 1782.

Ce brave capitaine s'était couvert de gloire en allant prendre à la remorque le *Glorieux,* sous le feu de plusieurs vaisseaux ennemis. M. de Trogoff, commandant ce vaisseau, craignant d'entraîner sa perte, avait dû ordonner formellement à M. de

Mortemart de larguer la remorque, et ce brave officier n'avait obéi qu'avec le plus grand chagrin.

De Piervert, Commandant la *Bellone,* de 32 canons.

Tué en combattant la frégate de 30 canons *Coventry*. 12 août 1782.

Le second, Bouché, ainsi que 3 officiers et le tiers de l'équipage furent tués. Le seul officier survivant, M. Stéphano, était blessé.

De Montguyot, Commandant l'*Amazone,* de 26 canons.

Tué en combattant la *Santa-Margarita* de 48 canons. 28 juillet 1782.

Le chevalier de l'Espine, qui prit le commandement, fut à son tour blessé à la tête et à l'épaule. Le lieutenant de frégate auxiliaire de Gazan, qui le remplaça, voyant le grand nombre d'hommes hors de combat, lui fit demander l'autorisation de se rendre. M. de l'Espine lui fit répondre qu'il fallait tenir tant qu'un homme resterait debout et se fit transporter sur le pont ou il arriva au moment où M. de Gazan, qui avait suivi son inspiration première, faisait amener. M. de l'Espine fit aussitôt fusiller l'officier coupable et rehisser le pavillon. Mais la frégate était à bout de forces. Tout l'état-major était hors de combat, 19 hommes tués, 93 blessés ; elle fut enlevée à l'abordage quelque temps après. M. de Oilic avait été tué ; de l'Espine, grièvement blessé ; de La Villeberno avait perdu un bras et de Guilham, officier de troupe, avait reçu un coup de feu en pleine poitrine. Le second pilote, Villaumez, malgré deux blessures, n'avait pas cessé de montrer la plus grande valeur.

On cite le trait de courage héroïque du chef de pièce Lucas qui, atteint déjà de deux blessures, tomba enfin, le bras emporté, sur le corps de son commandant qu'on transportait. Quand il revint à lui, il demanda à ne pas être porté à l'infirmerie et à se battre avec le bras qui lui restait. Il reçut plus tard une médaille d'or et une lettre très flatteuse du ministre de Castries.

Au dernier moment, à la place de M. de l'Espine, épuisé par la perte de son sang, l'enseigne Bourgarel de Martignan avait pris le commandement et s'était conduit avec courage[1].

L'*Amazone,* amarinée, fut abandonnée le lendemain par son capteur, à la vue de l'escadre de M. de Vaudreuil. Son équipage rehissa le pavillon.

Le Moyne de Preneuf, Commandant l'*Aigle,* de 18 canons.

Tué en combattant la corvette anglaise *Duc-de-Chartres,* de 16 canons. Août 1782.

Le frère du commandant, officier auxiliaire, très jeune encore, fut blessé deux fois très grièvement, ainsi que M. Boutet, également officier auxiliaire. 12 hommes furent tués, et 14 blessés.

De Péan, Commandant la *Consolante.*

Tué au combat de Trinquemalé. 2 septembre 1782.

Dupas de La Mancelière, Commandant l'*Ajax.*

Tué au combat de Gondelour. 20 juin 1783.

De Salvert, Commandant le *Flamand.*

Tué au combat de Gondelour. 20 juin 1783.

(Pour les pertes de l'escadre de Suffren, voir appendice VI.)

Chevalier de Thanouarn, Commandant la *Vénus,*

Disparue corps et biens, en rentrant de Bourbon en France, à la date présumée du 31 décembre 1788.

Dusaulchoy, Commandant l'*Étourdie,* de 16 canons.

Tué en combattant une frégate de 48 canons, un brig de 22 et un lougre dans la baie de Saint-Brieuc. 17 mars 1796.

---

1. Monographie de l'*Amazone,* par M. de Jonquière. *Moniteur* du 30 janvier 1859.

Morandi, Commandant la djerme *Italie.*

Sauté avec ce bâtiment aux poudres duquel il avait mis volontairement le feu. Janvier 1799.

C'est pour ne pas tomber entre les mains des Arabes, qui entouraient son bâtiment, que cet officier accomplit ce bel acte d'héroïsme.

Frélaud, Commandant la corvette *Brûle-Gueule,* de 22 canons.

Noyé dans le naufrage de ce bâtiment sur une roche du ras de Sein. 8 mars 1799.

Radelet, Commandant la *Curieuse,* de 16 canons.

Blessé mortellement en combattant le *Bordelais,* de 24 canons. 29 janvier 1801.

La *Curieuse* perdit 50 hommes.

Duthoya, Commandant le lougre *Affronteur,* de 14 canons.

Tué en combattant la frégate de 44 canons *Doris.* 18 mai 1803.

Olyve, Commandant la *Galiote* (flottille de Boulogne).

Tué dans le combat de nuit du 23 germinal an XI (13 avril 1803).

Fourré, Commandant le *Cæsar,* de 16 canons.

Tué en combattant des embarcations dans la Gironde. 14 juillet 1806.

Salomon, Commandant la *Salamandre,* de 24 canons.

Tué en combattant 4 bâtiments anglais, près de Brest. 12 octobre 1806.

Bourdé, Commandant le brig *le Requin.*

Tué par la chute de la mâture dans un échouage. Février 1808.

Jance, Commandant le *Palinure,* de 16 canons.

Blessé grièvement le 22 avril. Mort de la fièvre jaune le 3 septembre, après s'être emparé d'un brig de 19 canons. — On peut dire que cet officier est mort en combattant, et c'est un des exemples les plus frappants de ce que peut l'énergie d'un commandant sur le moral de son équipage.

Le 22 avril, le capitaine Jance, dans un combat livré à un bâtiment anglais, avait été grièvement blessé d'une balle qui, après lui avoir traversé le poignet, lui était entrée dans la cuisse.

Il était à peine remis de cette blessure, quand il fut atteint de la fièvre jaune et il était presque mourant lorsque le *Palinure* fut attaqué par un brig anglais d'une force un peu supérieure. Le capitaine Jance se fit porter sur un matelas sur le pont et commanda l'abordage. Électrisé par l'héroïsme de son brave commandant, l'équipage enleva le bâtiment ennemi [1].

Jance mourut le lendemain de sa victoire.

L'enseigne Deberge et l'aspirant Lepontois, qui avaient conduit le détachement d'abordage, avaient tous deux été blessés, le premier d'un coup de pique, le second d'un coup de feu.

L'enseigne Huguet prit le commandement.

Laporte, Commandant le transport *Cerf,*

Disparu corps et biens, à la date présumée du 31 janvier 1809.

---

1. On rencontre d'ailleurs, dans notre histoire maritime, de pareils traits d'énergie : Le 11 septembre 1778, la frégate anglaise *Fox* fut prise après un beau combat par la *Junon,* commandée par le capitaine de vaisseau vicomte de Beaumont. Cet officier souffrait cruellement de la gravelle et était alité au moment où l'ennemi fut aperçu. Il monta sur le pont en robe de chambre, s'y fit attacher et commanda lui-même pendant tout le combat, le capitaine en second, le lieutenant de vaisseau de l'Isle de la Mothe, ayant été tué dès le commencement de l'action.

Jean Pichez, Commandant la *Dorade*.

Tué en combattant des embarcations anglaises dans la nuit du 5 juin 1812.

Cher, Commandant l'aviso *le Serein*,

Perdu corps et biens en allant au Sénégal, le 16 octobre 1817.

Gourdon, Commandant le brick *Créole*,

Disparu le 30 novembre sur la côte d'Afrique, en 1823.

Galmiche, Commandant la gabare *Bretonne*,

Disparue en 1830.

Poret de Blosseville, Commandant la canonnière-brick *Lilloise*,

Perdue corps et biens sur la côte du Groënland. Août ou septembre 1833 [1].

Pardeilhan, Commandant le brick-aviso *Fabert*,

Disparu en mer à la date présumée du 16 août 1838.

Plessis, Commandant la gabare *Désirée*,

Perdue corps et biens, le 27 décembre 1838.

Barbot de La Trésorière, Commandant le transport *Active*,

Perdu le 6 août 1839.

Le Moine, Commandant la goëlette *la Doris*,

Chavirée en rade de Brest, le 19 septembre 1845 [2].

---

1. Un navire hollandais prétendit avoir vu en juin, dans la baie dite Breede-Bugt, un brig de guerre français coulant bas d'eau. Ce bâtiment aurait disparu subitement pendant la nuit. (*Annales maritimes* de 1834.)

2. Ce n'était pas la première fois qu'un bâtiment de guerre se perdait en

Ce bâtiment rentrait d'une campagne de quatre ans aux Antilles. Surpris par une saute de vent, il chavira. L'enseigne de vaisseau auxiliaire Giraud et le chirurgien auxiliaire Descortiers trouvèrent la mort ainsi que 28 marins. MM. Bontemps, commis de la marine, Le Moux et Biarnez, aspirants volontaires, purent être sauvés ainsi que 33 hommes, par les embarcations du stationnaire, grâce à la vigilance de l'enseigne de vaisseau Binet, officier de ce bâtiment.

Huché de Cintré, Commandant la canonnière-brick *Vedette,*

Naufragée le 6 octobre 1841.

Vrignaud, Commandant le brick-aviso *Dunois,*

Disparu en mer, à la date présumée du 3 septembre 1842.

Fleuriot de Langle, Commandant l'aviso *Papin,*

Naufragé sur les côtes du Maroc. 6 décembre 1845.

Duparc, Commandant le brick-aviso *Pandour,*

Présumé perdu en 1848.

Ce bâtiment, parti le 18 juillet 1848, ne donna plus de ses nouvelles.

---

rade de Brest. Le 18 janvier 1711, la frégate *l'Acis,* commandée par l'enseigne de vaisseau de La Boularderie, qui devait appareiller le jour même, mit à la voile à 3 heures de l'après-midi, pour tirer quelques bordées en rade, afin d'essayer le navire. Il faisait un temps superbe qui avait décidé plusieurs personnes de la ville à prendre part à cette promenade. A 6 heures du soir, près de l'île Ronde, en revenant au mouillage, il s'éleva une petite risée qui, bien qu'insignifiante, fit chavirer la frégate. Les chaloupes des navires voisins, accourues aux cris, ne purent sauver que trente personnes. Le capitaine parvint à gagner l'île Ronde à la nage. On ne put expliquer cette catastrophe que par un manque absolu de stabilité de *l'Acis,* défaut que rien n'avait cependant fait prévoir. (Lettre de l'intendant Robert à M. de Pontchartrain, datée du 19 janvier. — Archives de Brest.)

Kenney, Commandant la canonnière N° 15.

Tué sur la brèche de Ning-Po, à la tête d'une compagnie de débarquement. 1860.

Espagnat, Commandant la canonnière *Casse-Tête*.

Tué dans l'explosion de la chaudière de ce bâtiment, le 7 mai 1867 [1].

Mage, Commandant la corvette *Gorgone*,

Perdue corps et biens, probablement sur les Pierres-Noires, dans un coup de vent. Nuit du 18-19 décembre 1869.

93 hommes, en plus de l'état-major, disparurent dans cette catastrophe.

Francis Garnier, Commandant l'expédition du Tonkin.

Tué dans une sortie à Hanoï, le 21 décembre 1873 [2].

---

1. C'est au moment où il s'apprêtait à donner la remorque à un bâtiment de commerce, le *Saint-Vincent-de-Paul,* que le *Casse-Tête* fit explosion. Onze personnes, dont deux religieuses, purent être sauvées. Quatorze personnes disparurent, la soute aux poudres ayant explosé après la chaudière.

2. Cet officier, né à Saint-Étienne le 23 juillet 1839, était sur le point de conquérir un royaume à la France, quand la mort vint prématurément l'enlever. Son état-major, au commencement de l'expédition, était ainsi composé : Esmez, enseigne de vaisseau ; Bouxin ; Balny d'Avricourt, commandant l'*Espingole ;* Bain de la Coquerie, enseigne, commandant la compagnie de débarquement du *Decrès ;* Hautefeuille et Perrin, aspirants ; Dubut, Chédau et Harmand, médecins de la marine ; de Trentinian, sous-lieutenant d'infanterie de marine ; Bouillet, ingénieur hydrographe.

Les principaux faits d'armes de cette expédition extraordinaire furent :

La prise d'Haï-Duong, par Balny et Trentinian avec 15 soldats et 12 matelots ;

La prise d'Hanoï, par Garnier : 180 soldats et matelots mettent en fuite les 7,000 défenseurs de cette citadelle, leur tuent 80 hommes et en blessent 300 dont le général Nguyen, qui mourut de ses blessures ;

La prise de Ninh-Binh (véritable exploit à la Fernand Cortez) par l'aspirant Hautefeuille qui, avec seulement 8 hommes dont un Annamite, armant une pièce de 4 ayant pour toutes munitions 6 obus et 6 boîtes à mitraille, fait mettre bas les armes à 1,700 soldats annamites.

Challier, Commandant la canonnière *la Massue.*

Tué pendant l'expédition du Tonkin, le 1ᵉʳ mars 1884.

Villers=Moriamé, Commandant le torpilleur N° *110,*

Perdu corps et biens, au large de Barfleur, pendant le coup de vent du 21 mars 1889 [1].

---

1. Le torpilleur 111, qui naviguait de conserve avec le 110, arriva à Cherbourg absolument cassé. Son commandant, le lieutenant de vaisseau Crespel, qui venait d'échapper à la mort, supplia qu'on lui donnât un autre torpilleur pour repartir à la recherche de M. Villers-Moriamé. Mais le temps était si mauvais que le commandant de la défense mobile fut obligé de refuser cette satisfaction à ce courageux officier.

Treize hommes périrent dans cette catastrophe. Quelques jours auparavant, le 1ᵉʳ mars, le torpilleur 102, commandé par le lieutenant de vaisseau Schilling, avait chaviré au large des Sablettes. Six hommes avaient été noyés.

ENSEIGNES DE VAISSEAU

Marquis de La Bretesche, Commandant la galiote à bombes *Fulminante.*

Tué en défendant son bâtiment contre une galère d'Alger, sous les murs de cette ville. 11 septembre 1683 [1].

Mosnier, Lieutenant de frégate, Commandant le *Portefaix.*

Tué le 4 mars 1713.

La Rigaudière, Commandant la *Sainte-Anne.*

Tué dans un combat contre des pirates, en 1717.

Chapizeau, Commandant l'*Arcajou.*

« Péry » sur ce navire, le 25 septembre 1745.

---

1. M. de La Bretesche, qui avait été déjà blessé quelque temps auparavant, remplaçait M. de Chavigny qui avait eu un poignet coupé le 22 juillet.

La *Fulminante* faisait partie de l'escadre de du Quesne qui bombardait Alger. Dans ce combat périrent à bord de la galiote : MM. de Bracourt, de Taussien et d'Agout, volontaires ; de Marsillac et de Bois-Joli, gardes de la marine, furent blessés grièvement.

Le combat avait été très violent : « J'allais, dit M. de Villette, prévenir du Quesne et lui rendre compte des officiers de la galiote qui avaient fait leur devoir. Je le trouvai dans son lit et je ne pus m'empêcher de lui dire d'un ton moqueur que je venais le tirer d'inquiétude. » Le vieil amiral n'était pas homme, en effet, à s'émouvoir au bruit d'un combat, fût-il livré tout près de lui.

Blanchard, Officier auxiliaire, Commandant la *Dorade,* de 14 canons.

Tué en face de Bordeaux, en combattant un corsaire de 18 canons.

Le second, Renaudin, parvint à repousser l'ennemi. La *Dorade* eut 4 tués et 16 blessés. Mars 1779.

De Guernizac, Commandant une goélette

Perdue dans un coup de vent, le 18 septembre 1779[1].

Chevalier de Capellis, Commandant le cutter *Alerte,*

Parti de Saint-Domingue pour France le 4 décembre : disparu dans la traversée. 1779.

De Goisbriant, Commandant la goélette *le Combel,*

Disparue le 17 décembre 1780[2].

Allary, Lieutenant de frégate, Commandant *le Sénégal,* de 16 canons.

Tué en combattant le *Zéphir,* de même force. 1782.

Bouvet, Lieutenant de frégate, Commandant le corsaire *Boisgelin.*

Tué en 1782[3].

---

1. Cette goélette avait été prise le 15 ; elle avait douze hommes d'équipage, Français.

2. Ce bâtiment avait été pris le 13 par la frégate la *Gentille,* dont M. de Goisbriant était alors l'officier en second.

Ce naufrage, ainsi que les deux qui précèdent, sont relatés dans une lettre datée du 13 décembre 1786, écrite par le chevalier de Suzannet au comte d'Hector. Le chevalier faisait remarquer le nombre considérable de veuves de marins qui ne pouvaient pas se remarier par suite de la non-constatation de décès de leurs maris, disparus dans des naufrages ou aux combats de la Dominique et de Quiberon. Toutes les preuves morales, le temps écoulé depuis leur disparition, etc., démontrant que ces malheureux étaient bien morts, M. de Suzannet, après s'être entouré de toutes les garanties possibles, proposait d'autoriser 1,600 veuves à se remarier. Son projet fut approuvé.

3. On raconte que, lorsque le corps de Bouvet fut apporté chez sa mère,

Oletta, Commandant la felouque *Vigilante*.

Tué en combattant une frégate anglaise. 1794.

Véru, Commandant l'*Utile*, de 10 canons.

Tué au mouillage des îles d'Hyères, en combattant une frégate de 40 canons. 9 juin 1796.

Laugier, Commandant le lougre *Libérateur-d'Italie*.

Tué, par traîtrise, avec tout son équipage, sur la rade de Venise. 23 avril 1797.

Cet officier avait été forcé par le mauvais temps de se réfugier à Venise. Il fut tué à coups de fusil, sur le pont de son bâtiment, au moment où il parlementait avec le commandant du fort du Lido. Plusieurs chaloupes vénitiennes abordèrent ensuite le lougre et en massacrèrent l'équipage.

Ce fut la cause de la déclaration de guerre de Bonaparte à Venise.

La Marillière, Commandant la goélette *Agile*, en croisière dans les Antilles.

Noyé, ce bâtiment ayant chaviré le 9 juillet 1798 [1].

Sur 56 hommes, 13 seulement parvinrent à se sauver.

Defraye, Commandant le *Courageux*, de 14 canons.

Sauté avec son bâtiment pendant un combat dans la Baltique, en 1798 [2].

L'enseigne Audibert, officier en second, et 3 matelots échappèrent seuls.

---

celle-ci, femme d'un courage admirable et animée d'un ardent patriotisme, s'écria : « Qu'on ouvre toutes grandes les portes, jamais tant d'honneur n'est entré dans ma maison ! » (Mémoires de la famille Bouvet.)

1. L'état-major se composait de MM. Gerdy, Le Long et Damar, enseignes de vaisseau ; Massé, aide-commissaire ; Métivier, officier de santé. Tous ces officiers périrent.

2. L'enseigne Defraye s'était emparé de plus de cinquante bâtiments de commerce et avait soutenu plusieurs brillants combats de 1796 à 1798.

Fourmentin, Commandant le *Furet,* de 4 obusiers de 12.

Tué en combattant une frégate. 5 janvier 1799.

Lesage, Commandant la canonnière *Chiffonne.*

Tué le 17 janvier 1801.

Radelet, Commandant la *Curieuse,* de 18 canons.

Blessé mortellement en combattant une corvette de 24 canons, près de La Barbade. 29 janvier 1801.

Bart, Commandant le bateau-canonnier *N° 74,*

Perdu corps et biens dans le raz Blanchard. 24 avril 1804.

Le Blanc, Commandant le *Caïque n° 3,*

Perdu corps et biens dans le raz Blanchard. 25 avril 1804.

Girette, Commandant la canonnière *N° 89.*

Tué le 10 juin 1805, près de Fécamp.

Dufresne, Commandant la canonnière *N° 272,* ci-devant *la Foudre,*

Sautée le 27 novembre 1805.

Cassouwert, Commandant le transport *Jeune-Marie,*

Disparu en 1807.

Fleury, Commandant la *Mouche n° 26.*

Mort dans le naufrage de ce bâtiment, près de Penmark. 12 janvier 1810.

Ce navire avait été pris quatre jours avant par une frégate anglaise.

Button.

Blessé mortellement en défendant le convoi qu'il escortait, près de Rochefort, le 3 mai 1810.

Ce brave officier, atteint par une balle à la tête, frappé d'un coup de sabre, d'un coup de crosse et ayant reçu deux coups de baïonnette dans le corps, ne cessa de commander pendant toute l'action.

Ruinet, Commandant la canonnière N° *176*.

Tué au large de Penerf en défendant le convoi qu'il escortait. 10 mai 1810.

La défense de cette canonnière fut héroïque. L'officier en second, l'enseigne Demerdieu, fut blessé grièvement à la cuisse par un boulet, et le 3ᵉ officier, l'aspirant Sorteval, eut une jambe emportée. Ce qui restait de l'équipage parvint à gagner la terre, sous la conduite de l'agent comptable Leray.

Ferrini, Commandant l'*Endymion*.

Tué en combattant une frégate anglaise dans le golfe de La Spezzia. 1810.

Julien Fournier, Commandant le côtre de 12 canons, *Printemps*.

Tué en combattant deux brigs et une goélette dans la baie du Corréjon. 19 juillet 1815.

De Gourdon, Commandant la goélette *Créole*,

Perdue corps et biens sur la côte d'Afrique, en 1823.

Bisson, Commandant la *Panayoti*.

Sauté volontairement avec ce bâtiment pour ne pas tomber entre les mains de pirates, dont 70 furent tués par l'explosion. Baie de Stampali. 4 novembre 1827.

Thomas de Saint=Laurent, Commandant la goélette *Estafette*,

Disparue en mer, en 1836.

Orcel, Commandant le brick aviso *Colibri*[1].

Chaviré dans un coup de vent sur la côte de Madagascar, le 26 février 1845.

Le second Burger, l'aspirant Moreau et tout l'équipage, moins 7 hommes, se noyèrent.

Balny d'Avricourt, Commandant la canonnière *Espingole.*

Tué à Hanoï, en même temps que Francis Garnier. 21 décembre 1873.

Souviron, Commandant le torpilleur N° 20,

Chaviré en rade des Trousses, en mai 1895[2].

---

1. Le récit poignant de ce naufrage, raconté par le seul officier survivant, le volontaire Anquez, se trouve dans les *Annales maritimes* de 1845, tome II.

2. Deux hommes périrent en même temps que M. Souviron. Quatre hommes enfermés dans la machine et la chaufferie du torpilleur chaviré, la quille en l'air, eurent le sang-froid de plonger et de sortir par un panneau. (Journal *le Yacht*.)

APPENDICE I

OFFICIERS MIS HORS DE COMBAT A L'AFFAIRE DES GALÈRES
DU 1ᵉʳ SEPTEMBRE 1638[1]

Tués : Félix DE LUXEMBOURG, DE QUERQUEVILLE, officiers de la *Capitane de France*; DE TANTEFORT, lieutenant de la *Richelieu*; D'ARSAC, lieutenant de la *Générale*; DE FORVILLE, DU TRONQUET, officiers de la *Montréale*; DE BÉOLAN, DE MOUSTIERS, officiers de la *Baillibande*.

Blessés : Chevalier THOMAS DE VILAGE, D'AIGUEBONNE, baron DE SAINT-IVER, LA BOURSARDIÈRE, SAINT-MARTIN, l'écuyer de BELLÉE[2], officiers de la *Capitane de France*; DE LA REYNARDE, lieutenant de la *Patronne de France*; D'EGUILLY, commandant la *Sainte-Claire*; DE MONIER, D'ARÊNES, DE BEAUMÈLES, officiers de la *Valbelle*.

NOTA. — Presque tous les officiers de la *Cardinale* ayant été tués[3], le chevalier de Margallet sut défendre la galère avec tant de courage qu'il parvint à la sauver.

---

1. Correspondance de Mᵍʳ d'Escoubleau de Sourdis, archevêque de Bordeaux.
2. Ou de Bellié. Cet officier mourut de ses blessures. Sa mort héroïque est racontée plus haut. (Voir *Capitaines de vaisseau.*)
3. Ces officiers devaient être de petite noblesse, car dans la relation du combat leurs noms ne sont pas cités.

APPENDICE II

OFFICIERS SUBALTERNES TUÉS OU NOYÉS DE 1669 A 1750

(Archives de la Marine C¹ 155.)

1669

D'HÉRICOURT, enseigne de vaisseau, tué à Candie, le..... 1669.

1673

LA MATASSIÈRE, lieutenant de vaisseau, tué au combat du 7 juin.
POTIER, enseigne de vaisseau, tué au combat du 7 juin.
SCOTIA, enseigne de vaisseau, tué au combat du 21 août.
SERPAULT l'ainé, capitaine de brûlot, tué au combat du 7 juin.
ROCUCHON, capitaine de brûlot, tué au combat du 7 juin.
OZÉE THOMAS, capitaine de brûlot, tué au combat du 7 juin.
DE SAINT-MICHEL, capitaine de brûlot, tué au combat du 7 juin.
VIDAULT, capitaine de brûlot, tué au combat du 7 juin.

1676

DE LA BROSSE NEUCHAIZE, lieutenant de vaisseau, tué sur le
   Vaillant, le 2 juin.
DE BONNEFOND, enseigne de vaisseau, tué sur le *Magnifique,* à
   Agosta, le 21 avril [1].

---

1. On pourra remarquer, comme je l'ai déjà dit dans l'introduction de cet
ouvrage, combien il est difficile de se fier aux archives, pour avoir des renseignements complets. Ainsi, par exemple, il est bien difficile d'admettre que,
à Agosta (avril 1677), qui fut une grande bataille, et où il y eut 7 capitaines
de vaisseau tués, il n'y ait eut que 3 enseignes de vaisseau tués, dans tous
les états-majors. Ce sont pourtant les seules pertes que donnent les archives.

LA BROSSE NEUVILLE DE NEUCHAIZE, enseigne de vaisseau, tué sur le *Vaillant*, le 2 juin [1].

BEAUSSIER, enseigne de vaisseau, tué à Agosta, le 21 avril.

Chevalier D'ARDENNES, lieutenant de vaisseau, tué à Agosta, le 21 avril.

1677

DE LA MÉLINIÈRE-POYET, lieutenant de vaisseau, tué à Tabago, le 3 mars.

DE TYRAS, lieutenant de vaisseau, tué à Tabago, le 3 mars.

PENNANNECK DE QUERFALGUEN, enseigne de vaisseau, tué à Tabago, le 3 mars.

DE SEISSIER, enseigne de vaisseau, tué à Tabago, le 3 mars.

Chevalier DE SEISSIER, enseigne de vaisseau, tué à Tabago, le 3 mars.

SAINT-PRIVAT, enseigne de vaisseau, tué à Tabago, le 3 mars.

MÉRAULT DE VILLIERS, enseigne de vaisseau, tué à Tabago, le 3 mars.

LA MÉNARDIÈRE, lieutenant de frégate, tué à Tabago, le 3 mars.

LE MIER DE FRESNAY, lieutenant de vaisseau, tué à Toulon, le 23 avril.

1679

DE MARETZ DE LA TERRIÈRE, lieutenant de vaisseau, noyé sur le *Conquérant*, en octobre.

Chevalier DE BESONS, lieutenant de vaisseau, noyé sur le *Conquérant*, en octobre.

Marquis DE TOR, lieutenant de vaisseau, noyé sur le *Conquérant*, en octobre.

Marquis D'ENTRAGUES, lieutenant de vaisseau, noyé sur le *Conquérant*, en octobre.

---

1. Il y eut donc deux officiers de même nom tués sur le *Vaillant*.

Chevalier DE MARRAS-PHÉNIX, enseigne de vaisseau, noyé sur le *Conquérant*, en octobre.

BRUNEHAULT-CHABOSSIÈRE, enseigne de vaisseau, noyé sur le *Conquérant*, en octobre.

DUBOIS l'aîné, enseigne de vaisseau, noyé sur le *Conquérant*, en octobre.

DE VALAVOIR, enseigne de vaisseau, noyé sur le *Sans-Pareil* [1].

1680-1682

NAUDIN-GABARET, lieutenant de frégate, « péry » sur la *Belle*, le 14 avril 1680.

Chevalier DE VILLENNES, lieutenant de vaisseau, tué près de Salé, le..... 1681.

Chevalier DE SAINT-COINTRÉ, enseigne de vaisseau, noyé dans la chaloupe du *Flamant*, le 6 décembre.

JULIEN, lieutenant de vaisseau, « péry » en mer, en mars 1682.

Chevalier DE FENNETON, enseigne de vaisseau, blessé mortellement devant Alger, 30 octobre 1682.

Chevalier DE SAINT-MARCEL D'ALBON, tué à l'abordage d'un caïque, décembre 1682.

1683

BEAULIEU DE TYRAS DU PLESSIS, lieutenant de vaisseau, « péry » à la côte d'Espagne, le 5 février.

DE BRUCOURS, lieutenant de vaisseau, tué devant Alger, le 11 août.

---

1. En comparant ces pertes du *Conquérant* et du *Sans-Pareil* à celles contenues dans la note relative au naufrage de ces deux vaisseaux (Voir *Capitaines de vaisseau* — de Villiers d'O.), on voit encore que celles données ici pour le dernier de ces navires sont incomplètes. En revanche, les pertes données pour le *Conquérant* complètent celles de la note.

D'ENTRAGUES, enseigne de vaisseau, « péry » sur la côte d'Espagne, le 5 février.

CHOISEUL D'AMBOUVILLE, enseigne de vaisseau, tué devant Alger, le 27 juin.

DE LA GARENNE DU RÉ, enseigne de vaisseau, tué devant Alger, le 7 août.

Chevalier DE CHEVIGNY, lieutenant de vaisseau, tué devant Alger, le 7 août.

1684

DE MONTGON, lieutenant de vaisseau, tué à la prise de Gênes, le 24 mars.

Chevalier DE CHAULIEU, lieutenant de vaisseau, tué à la prise de Gênes, le 24 mars.

DE SOURCE, enseigne de vaisseau, tué à la prise de Gênes, le 24 mars.

Marquis DE LA RIVIÈRE, enseigne de vaisseau, tué à la prise de Gênes, le 24 mars.

Chevalier DE LA BARRE, enseigne de vaisseau, mort de ses blessures à Toulon, en janvier.

DE BELLIMONT, enseigne de vaisseau, tué près de Gênes, en décembre.

DE ROLLON, enseigne de vaisseau, tué à Saint-Domingue, le 9 décembre.

1688

HALLÉ DE FRETTEVILLE, lieutenant de vaisseau, noyé à Bangkock, le 3 octobre [1].

Chevalier DE BLOYAL-SAUJON, enseigne de vaisseau, tué sur le *Prudent,* le.....

HITTON, enseigne de vaisseau, noyé au Siam, le 27 juin.

---

1. Cet officier commandait les troupes envoyées au Siam.

1690

DE SAINT-VINCENT, lieutenant de vaisseau, « péry » sur l'*Oriflamme,* au Siam.

Chevalier DE JUILLARD, enseigne de vaisseau, tué sur le *Sérieux,* le 10 juillet.

Chevalier DE ROTELIN, enseigne de vaisseau, tué sur le *Henry,* le 10 juillet.

DE SAVONNIÈRES, enseigne de vaisseau, noyé en rade de Brest, en octobre.

1691

DE LA HÉRONNIÈRE, lieutenant de vaisseau, noyé sur l'*Oriflamme,* le 28 février [1].

DE LA CRESSONNIÈRE, lieutenant de vaisseau, noyé sur l'*Oriflamme,* le 28 février.

DE LAULNAY BIGOGEN, lieutenant de vaisseau, noyé sur l'*Oriflamme,* le 28 février.

HALLON DE DOUVILLE, enseigne de vaisseau, noyé sur l'*Oriflamme,* le 28 février.

LE CAMUS DES CAVES, enseigne de vaisseau, noyé sur l'*Oriflamme,* le 28 février.

LA POUGETERIE DE RIVIÈRE, enseigne de vaisseau, noyé sur l'*Oriflamme,* le 28 février.

LA DORBELAYE, enseigne de vaisseau, noyé sur l'*Oriflamme,* le 28 février.

DE LA VILLE AUX CLERCS, enseigne de vaisseau, noyé sur l'*Oriflamme,* le 28 février.

DE BOISTINANT, enseigne de vaisseau, noyé sur la *Diligente,* le.....

---

1. L'*Oriflamme* était un des vaisseaux envoyés en mission au Siam. Il périt au mouillage de Fort de France, au moment de rentrer en France.

Montredon de Montrabeck, enseigne de vaisseau, tué sur l'*Heureux,* le 22 août.

D'Antonave, enseigne de vaisseau, noyé sur le *Vaillant*, le 22 décembre.

De la Vaux Saint-Clair, lieutenant de vaisseau, tué au bombardement de Barcelone, le 16 août.

1692

De Grosloy, lieutenant de vaisseau, tué à la Hougue, sur le *Soleil-Royal,* le 29 mai.

De Cléracq, lieutenant de vaisseau, tué à la Hougue, sur le *Soleil-Royal,* le 29 mai.

Chevalier Aubry, lieutenant de vaisseau, tué à la Hougue, dans les chaloupes, le 29 mai.

Chevalier de Bonnemie, lieutenant de vaisseau, tué à la Hougue, sur le *Maure,* le 29 mai.

De Montfaber, lieutenant de vaisseau, tué à la Hougue, sur le *Hardy*, le 29 mai.

Mayor du Breuil, lieutenant de vaisseau, tué à la Hougue, sur le *Trident,* le 29 mai.

Pasdejeu, lieutenant de vaisseau, tué à la Hougue, sur l'*Ambitieux,* le 29 mai.

De Valavoir, enseigne de vaisseau, tué à la Hougue, sur le *Maure,* le 29 mai.

De Marigny, enseigne de vaisseau, tué à la Hougue, sur le *Soleil-Royal,* le 29 mai.

De Véronne, enseigne de vaisseau, tué à la Hougue, sur le *Soleil-Royal,* le 29 mai.

D'Audigny de Grandfontaine, enseigne de vaisseau, tué à la Hougue, sur le *Triomphe,* le 29 mai.

De Maniban, enseigne de vaisseau, tué à la Hougue sur le *Bourbon,* le 29 mai.

Chevalier de Dresnay, enseigne de vaisseau, tué à la Hougue, sur le *Diamant,* le 29 mai.

QUÉRANVOY, lieutenant de frégate, sauté à la Hougue sur le....., le 29 mai.

DE SAINT-LOUP, lieutenant de vaisseau, tué aux Isles, le 29 mars.

DE BOURGUES, lieutenant de vaisseau, noyé sur le *Sage* (près de Gibraltar), le 10 avril.

LA VAISSIÈRE DE JONCOURT D'AIGREMONT, enseigne de vaisseau, noyé sur le *Sage*, le 10 avril.

PELLEGRIN DE PRESLES, enseigne de vaisseau, noyé sur le *Sage*, le 10 avril.

DE FRÉMICOURT, capitaine de frégate légère, tué sur le *Marquis*, le 15 décembre.

CHEVALIER, lieutenant de frégate, noyé sur le *Sage*, le 10 avril.

TURLES, aide d'artillerie, noyé sur le *Sage*, le 10 avril.

1693

Chevalier DE NOINTEL, lieutenant de vaisseau, tué sur les galères de Malte, le 6 mars.

DU COUDRAY-LONGUERNE, lieutenant de vaisseau, noyé sur le ....

JOIGNY DE BELLEBRUNE, enseigne de vaisseau, tué sur le.....

DU RIVAGE DORDELIN, lieutenant de frégate, « péry » sur le....., en février.

1694

DE LOUBES, lieutenant de vaisseau, tué sur le.....

Chevalier DE FRICAMBAULT, lieutenant de vaisseau, tué sur l'*Adroit*, le 25 juillet.

Chevalier DE LA COUSSE, lieutenant de vaisseau, tué à la descente de Camaret, le 23 juin.

DE LA COMME, lieutenant de vaisseau, tué aux Isles, le.....

LA SIMONNIÈRE DU VIGUIER, enseigne de vaisseau, noyé, en novembre.

ROBERT, capitaine de brûlot, perdu sur le *Corossol,* le.....

DE VILLEJOINT D'ORFONTAINE, aide d'artillerie, tué en décembre.

1696

Marquis DU FRETAY, lieutenant de vaisseau, noyé sur le *Fougueux,* le 10 décembre.

VILLEMARSEAU, lieutenant de vaisseau, noyé sur le *Fougueux,* le 10 décembre.

HERMOT DE BRILLEVAST, enseigne de vaisseau, noyé sur le *Fougueux,* le 10 décembre.

DE SALIVAS, enseigne de vaisseau, tué sur le *Bourbon,* le 28 octobre.

Chevalier DE SAINT-MEYMY, enseigne de vaisseau, tué sur la *Jolie,* 3 août.

ROSEHARD DU SARRON, capitaine de frégate légère, tué sur le....., le 18 juin.

DU BOCCAGE, lieutenant de frégate, noyé sur la *Sauvage,* en janvier.

1697

Chevalier DE MAROLLES, lieutenant de vaisseau, blessé mortellement sur le *Saint-Michel,* le 7 mai.

Chevalier MARIN, lieutenant de vaisseau, mort des blessures reçues devant Barcelone, le 22 avril.

CHAULIEU DE BEAUREGARD, lieutenant de vaisseau, « péry » sur le *Vaillant,* le 22 décembre.

Baron DE MORAS, lieutenant de vaisseau, mort des blessures reçues à Barcelone, le 5 août.

JOUBERT, lieutenant de vaisseau, mort des blessures reçues à Barcelone, le 10 juillet.

DE THURELLE-TIBALLIER, enseigne de vaisseau, mort des blessures reçues à Barcelone, en juillet.

DE LA SALLE-CUJAS, enseigne de vaisseau, mort des blessures reçues à Barcelone, le.....

DE ROUARDIÈRE, enseigne de vaisseau, mort des blessures reçues à Barcelone, le 7 juillet.

DE ROLLON, enseigne de vaisseau, mort des blessures reçues à Barcelone, le 20 mai.

DOUBLÉ DE LA HEUZE, enseigne de vaisseau, noyé sur le *Vaillant*, le 22 décembre.

DU TILLEUL, enseigne de vaisseau, noyé sur le *Vaillant*, le 22 décembre.

SAINT-VIVIEN PUYBALLON, enseigne de vaisseau, tué sur l'*Héroïne*, le 3 juillet.

THOMIER, enseigne de vaisseau, tué à Dantzig, le 9 novembre.

D'URTEBIE, enseigne de vaisseau, tué sur le.....

Marquis DE BOURG, enseigne de vaisseau, tué devant Barcelone, le 20 mai.

Chevalier DE POINTIS, enseigne de vaisseau, tué devant Barcelone, le 20 mai.

Chevalier DE LA VIEUVILLE, aide d'artillerie, tué devant Barcelone, le 20 mai.

TOURTEAU, l'aîné, capitaine de brûlot, « péry » sur le *Vaillant*, le 22 décembre.

1698

MARTELY, lieutenant de frégate, noyé sur le *Prudent*, le 27 août.

1699

DE MAISONNEUVE, enseigne de vaisseau, tué à Pondichéry, le 17 novembre.

D'ESCOYEUX DE MENAC, enseigne de vaisseau, tué aux Isles, le 28 octobre.

1701

Le Febvre du Pestrin Fabel, enseigne de vaisseau, noyé sur le *Modéré,* le 7 mai.

1702

De Saint-Victor, lieutenant de vaisseau, tué à Vigo, le 21 octobre.

Ripert, enseigne de vaisseau, tué à Vigo, le 21 octobre.

De Gonneville, enseigne de vaisseau, tué à Vigo, le 21 octobre.

De Solières, enseigne de vaisseau, tué à Vigo, le 21 octobre.

Naudy, capitaine de brûlot, tué à Vigo, le 21 octobre.

De Saint-Victor, ayde-major, tué à Vigo, le 21 octobre.

Polignac, lieutenant de vaisseau, noyé sur la barre de Bayonne, naufrage de la *Jolie,* le 22 novembre.

De l'Escatelle, lieutenant de vaisseau, noyé sur la barre de Bayonne, naufrage de la *Jolie,* le 22 novembre.

Pontevès de la Garde, enseigne de vaisseau, noyé sur la barre de Bayonne, naufrage de la *Jolie,* le 22 novembre.

De Seglas, lieutenant de vaisseau, noyé dans le naufrage du *Bon,* à la Havane, le 22 décembre.

De Griffolles, lieutenant de vaisseau, tué sur l'*Amphitrite,* le 5 juillet.

De La Tour-Neuville, capitaine de frégate légère, tué sur l'*Apollon,* le 1er septembre.

De La Maronnière, lieutenant de frégate, tué sur le *Phénix,* le 19 novembre.

1703

De Monteil, lieutenant de vaisseau, noyé sur la *Vipère,* à Bayonne, le 1er janvier.

Persy du Clos, enseigne de vaisseau, tué aux Iles, sur la *Renommée,* le 21 juin.

D'HAYS, enseigne de vaisseau, tué sur l'*Adroit,* le 7 janvier.

D'AUTHIC, enseigne de vaisseau, tué sur l'*Adroit,* le 7 janvier.

1704

DE LA BORDE, lieutenant de vaisseau, tué aux Cévennes, le 24 mars.

DE MAURENS, lieutenant de vaisseau, tué aux Cévennes, le 14 mars.

DE LIGONDÈS, lieutenant de vaisseau, tué aux Cévennes, le 14 mars.

DE L'HOPITAL DE MONTBEL, lieutenant de vaisseau, tué aux Cévennes, le 14 mars.

DEYDIER DE PUCHEMEJEAN, lieutenant de vaisseau, tué aux Cévennes, le 14 mars.

DE CRIÈS, enseigne de vaisseau, tué aux Cévennes, le 14 mars.

MAZANS DE LAVAL, enseigne de vaisseau, tué aux Cévennes, le 14 mars.

DE GRASSE DE BAR, enseigne de vaisseau, tué aux Cévennes, le 14 mars.

LA MARCHE CELLERON, enseigne de vaisseau, tué aux Cévennes, le 14 mars.

SAINT-MARC MONTEIL DE LISSAC, enseigne de vaisseau, tué aux Cévennes, le 14 mars.

Chevalier DE FABRÈGUES FABRY, enseigne de vaisseau, tué aux Cévennes, le 14 mars.

DES LOGES CACQUERAY, enseigne de vaisseau, tué aux Cévennes, le 14 mars.

Chevalier DE SABRAN DES ADRETS, enseigne de vaisseau, tué aux Cévennes, le 14 mars.

Chevalier DE FONTAGER, enseigne de vaisseau, tué aux Cévennes, le 14 mars.

D'ACQUEVILLE, capitaine de frégate légère, tué aux Cévennes, le 14 mars.

FOREST, lieutenant de frégate, tué aux Cévennes, le 14 mars.

Raousset de Sonmabre, lieutenant de vaisseau, tué à la bataille de Malaga, le 24 août (*Content*).

Chevalier de Lush, lieutenant de vaisseau, tué à la bataille de Malaga, le 24 août (l'*Excellent*).

Coné de Lusignan [1], lieutenant de vaisseau, tué à la bataille de Malaga, le 24 août.

De Courvol Fricambault, lieutenant de vaisseau, tué à la bataille de Malaga, le 24 août (*Intrépide*).

De Beaufort, lieutenant de vaisseau, tué à la bataille de Malaga, le 24 août (*Vainqueur*).

D'Imbleval, enseigne de vaisseau, tué à la bataille de Malaga, le 24 août (*Terrible*).

Viroulleau de Marillac, enseigne de vaisseau, tué à la bataille de Malaga, le 24 août (*Fier*).

De Martil, enseigne de vaisseau, tué à la bataille de Malaga, le 24 août (*Sérieux*).

La Valette d'Imbleval, enseigne de vaisseau, tué à la bataille de Malaga, le 24 août (*Amphitrite*).

Brinon, enseigne de vaisseau, tué à la bataille de Malaga, le 24 août (*Oriflamme*).

Chevalier de Chateaurenault, enseigne de vaisseau, tué à la bataille de Malaga, le 24 août (*Oriflamme*).

Brodeau de Frésire, capitaine de frégate légère, tué à la bataille de Malaga, le 24 août (*Entreprenant*).

De Tesse, ayde-major, tué à la bataille de Malaga, le 24 août (*Terrible*).

De Gassyé, ayde d'artillerie, tué à la bataille de Malaga, le 24 août (*Soleil-Royal*).

De Montozié, lieutenant de vaisseau, tué sur le *Terrible,* devant Gibraltar, le 17 novembre.

De Thézy, lieutenant de vaisseau, tué sur le *Terrible,* devant Gibraltar, le 24 août.

---

1. Cet officier, atteint de plusieurs blessures graves, ne mourut qu'en juillet 1705.

CLAMORGAN, enseigne de vaisseau, tué sur le *Foudroyant*, devant Gibraltar, le 5 novembre.

Chevalier DE RAMPIN, lieutenant de vaisseau, noyé sur le....., en avril.

LE PAGE DE FLARY, lieutenant de vaisseau, tué sur l'*Invincible*, le 12 septembre.

DE MONTIGNY, enseigne de vaisseau, tué sur l'*Audacieux*, le 21 avril.

HILERIN DE LIGNIÈRES, enseigne de vaisseau, tué devant Gibraltar, le 31 décembre.

1705

FRANCINE GRANDMAISON, lieutenant de vaisseau, noyé le 30 juin.

DE MACHEFOLIÈRE, lieutenant de vaisseau, tué devant Gibraltar, sur le *Zélande*, le 7 février.

PONT DE VEILLANE, enseigne de vaisseau, tué devant Gibraltar, le 2 janvier.

DU BREUIL, enseigne de vaisseau, tué devant Gibraltar, sur le *Monarque*, le 26 mars.

Chevalier D'ESTERNE DE MARSILLAC, lieutenant de vaisseau, tué sur le *Salisbury*, à Saint-Domingue, le 19 mai.

DE JORDIS MOREAU, lieutenant de vaisseau, noyé sur la *Diane*, en juin.

LA ROCHE SAINTE-HONORINE, enseigne de vaisseau, tué sur la *Thétis*, en avril.

DE MARANS, enseigne de vaisseau, tué sur la....., en juin.

Chevalier DE FUMÉE, enseigne de vaisseau, noyé sur l'*Hermione*, près de Carthagène, le.....

BEAUME, capitaine de brûlot, tué sur le *Fendant*, le 21 novembre.

TOURTEAU, le jeune, capitaine de brûlot, tué sur la *Princesse*, le 1er mars.

MARCHAND DE MÉES, lieutenant de galiote, tué le 17 mai.

1706

De la Borie, enseigne de vaisseau, tué devant Barcelone, le 24 avril.

Monterif de Vésins, enseigne de vaisseau, tué sur le *Jason,* le 3 mai.

De la Treille-Foissier, enseigne de vaisseau, tué sur le *Jason,* le 6 août.

Thibouls de la Rillière, enseigne de vaisseau, tué sur l'*Héroïne,* le 12 octobre.

Chevalier de Bouloc, enseigne de vaisseau, tué sur le *Content,* devant Barcelone, le 24 avril.

Chevalier de Ligondais, enseigne de vaisseau, tué sur le *Black-wall,* le 2 octobre.

De Bresne, capitaine de frégate légère, tué sur le *Mars,* le 2 octobre.

De Perrières, enseigne de vaisseau, tué à Nièves, le 22 mars.

1707

Ponlevoy, lieutenant de vaisseau, tué sur le *Bourbon,* le 15 mars.

Sainte-Honorine de Beussy, lieutenant de vaisseau, tué sur le....., le 29 mai.

Feydeau de Vaugiens, enseigne de vaisseau, tué sur le *Dauphin,* le 14 mai.

Des Villiers, enseigne de vaisseau, tué sur le *Blackwall,* le 13 mai.

D'Escalis, enseigne de vaisseau, tué sur le *Mars,* le 12 mai.

Lurault de Veuil, enseigne de vaisseau, tué au siège de Toulon, le 18 août.

Isnardon, capitaine de frégate légère, tué au siège de Toulon, le 1er septembre.

Polastron, capitaine de frégate légère, tué sur le *Bourbon,* le 15 mars.

Chevalier DE VILLEBLIN, capitaine de frégate légère, tué sur le *Mars*, le 12 mars.

D'ALONNES, capitaine de frégate légère, tué sur le *Mars*, le 21 octobre.

1709

DE LA HARTELOIRE DE BETZ, enseigne de vaisseau, tué sur l'*Artiste*, le 6 mai.

CLAMORGAN DE CARMENIL, enseigne de vaisseau, tué sur l'*Indien*, le 21 octobre.

DE CASTELLANE MAJASTRE, enseigne de vaisseau, tué sur le *Trident*, le 19 novembre.

PUTIGNY, enseigne de vaisseau, tué sur l'*Indien*, le 21 octobre.

1710

DE L'HEU DE RAMBURES, lieutenant de vaisseau, tué au siège de Douai, en juillet.

Chevalier D'IRAMBERG, enseigne de vaisseau, tué sur l'*Oriflamme*, le 19 septembre.

Chevalier DE FROISSY, enseigne de vaisseau, tué sur l'*Oriflamme*, le 19 septembre.

DU VAL DE LEUX, enseigne de vaisseau, tué sur le *Maure*, près de Lisbonne, 24 décembre.

BOULAINVILLIERS DU CHEPOY, enseigne de vaisseau, tué sur le *Maure*, près de Lisbonne, le 24 décembre.

TARIT SENART D'ARCAN, enseigne de vaisseau, tué sur l'*Oriflamme*, le 19 septembre.

De DONS, capitaine de brûlot, tué en course sur le....., en octobre.

SALMON PATERVILLE, lieutenant de vaisseau, tué sur l'*Oriflamme*, à Rio-de-Janeiro, le 19 septembre.

1711

DE QUÉRESSEL, enseigne de vaisseau, tué à Rio-de-Janeiro, sur le *Mars,* le 7 octobre.

CHEVALIER, lieutenant de frégate, tué à Rio-de-Janeiro, sur l'*Achille,* le 10 septembre.

MILLET, enseigne de vaisseau, tué le.....

DE COMBRUCH, capitaine de brûlot, tué le 14 février.

1712

PARSEVAUX DE QUÉRAMEL, lieutenant de vaisseau, péri sur le *Magnanime* [1], le 22 janvier.

RICOUART DE LONGUEJOUE, lieutenant de vaisseau, péri sur le *Magnanime,* le 22 janvier.

BOISONGES MAQUEREL, lieutenant de vaisseau, péri sur le *Magnanime,* le 22 janvier.

BASOCHE DE VAUREVEL, lieutenant de vaisseau, péri sur le *Magnanime,* le 22 janvier.

DE LONGS DE COTTENTRE, enseigne de vaisseau, péri sur le *Magnanime,* le 22 janvier.

MORDANT D'HÉRICOURT, enseigne de vaisseau, péri sur le *Magnanime,* le 22 janvier.

DE LA RIVIÈRE PONTLO, enseigne de vaisseau, péri sur le *Magnanime,* le 22 janvier.

DE CHASTELET PESSELIÈRE, enseigne de vaisseau, péri sur le *Magnanime,* le 22 janvier.

LA RIVIÈRE-FOULON, enseigne de vaisseau, péri sur le *Magnanime,* le 22 janvier.

---

1. Le *Magnanime* et le *Fidèle* faisaient partie de l'escadre de Duguay-Trouin revenant de s'emparer de Rio-de-Janeiro. (Voir *Capitaines de vaisseau* — de Courserac et La Moinerie-Miniac.)

STAFFORT, enseigne de vaisseau, péri sur le *Magnanime*, le 22 janvier.

POTIN, enseigne de vaisseau, péri sur le *Magnanime*, le 22 janvier.

ROUSSEL DE MONTMARLY, enseigne de vaisseau, péri sur le *Magnanime*, le 22 janvier.

Chevalier de COULOMBE, enseigne de vaisseau, péri sur le *Magnanime*, le 22 janvier.

DE LONGCHAISNE-BULLION, enseigne de vaisseau, péri sur le *Magnanime*, le 22 janvier.

DE PIMONT, lieutenant de vaisseau, péri sur le *Fidèle*, le 18 janvier.

Marquis DE SAINT-SIMON, lieutenant de vaisseau, péri sur le *Fidèle*, le 18 janvier.

DE SOLAGE DE SAINT-LAURENT, enseigne de vaisseau, péri sur le *Fidèle*, le 18 janvier.

CONSOLIN DE LA HAYE, enseigne de vaisseau, péri sur le *Fidèle*, le 18 janvier.

DE LA VIC DE HON, enseigne de vaisseau, péri sur le *Fidèle*, le 18 janvier.

DE SAINT-SULPICE, enseigne de vaisseau, péri sur le *Fidèle*, le 18 janvier.

VIART, Chevalier DE VILLETTE, enseigne de vaisseau, péri sur le *Fidèle*, le 18 janvier.

Comte D'AUMALE, enseigne de vaisseau, péri sur le *Fidèle*, le 18 janvier.

DE BRACQ, enseigne de vaisseau, tué sur le *Téméraire*, le 7 décembre.

MALTOT DE LA COUR, enseigne de vaisseau, tué aux îles du Cap-Vert, le 5 mai.

Chevalier DE DOURIER DE MENILLY, enseigne de vaisseau, tué aux Iles, en septembre.

RAUDOT, enseigne de vaisseau, péri en 1712.

1713

MONTAULT DE LA MARQUE, lieutenant de vaisseau, péri sur l'*Éclatant* [1], le 18 avril.

BELLEVILLE DE PROUSSIÈRE, lieutenant de vaisseau, péri sur l'*Éclatant*, le 18 avril.

DE BRISSAC, lieutenant de vaisseau, péri sur l'*Éclatant*, le 18 avril.

Chevalier DE LA BROSSE, lieutenant de vaisseau, péri sur l'*Éclatant*, le 18 avril.

D'ALBERT, lieutenant de vaisseau, péri sur l'*Éclatant*, le 18 avril.

GESTARD DE PRESSIGNY, enseigne de vaisseau, péri sur l'*Éclatant*, le 18 avril.

D'ASSIGNY DE LA VERGNE, enseigne de vaisseau, péri sur l'*Éclatant*, le 18 avril.

Chevalier DE MAZEROLLES, capitaine de brûlot, péri sur l'*Éclatant*, le 18 avril.

Chevalier DE LA BROSSE, major de la marine, péri sur l'*Éclatant*, le 18 avril.

JOLY DE PARIS, lieutenant de galiote, péri sur l'*Éclatant*, le 18 avril.

1714

MONTESQUIOU, lieutenant de galiote, tué devant Barcelone, le 19 juillet.

GIGUEL DUNEDO, aide d'artillerie, tué devant Barcelone, le 21 mai.

Chevalier DE NESMOND DE LA PRIGNERIE, aide d'artillerie, tué devant Barcelone, en juin.

---

1. L'*Éclatant* se perdit corps et biens en allant aux Indes. (Voir Roquemador, capitaine de vaisseau.)

Chevalier DE CARMANT, aide d'artillerie, tué devant Barcelone, en août.

BLANC DE CASTILLON, enseigne de vaisseau, tué devant Barcelone, en septembre.

1721

DE LA FALLUÈRE, enseigne de vaisseau, noyé sur l'*Éléphant,* le 21 août.

1725

LA PEAUDIÈRE MAISONNEUVE, enseigne de vaisseau, noyé sur le *Chameau,* le 27 août[1].

COQUET, enseigne de vaisseau, noyé sur le *Chameau,* le 27 août.

POTIER, chevalier DE COURCY, enseigne de vaisseau, noyé sur le *Chameau,* le 27 août.

DE MONTRIOUX, lieutenant de galiote, noyé sur le *Chameau.*

VIET DE LA REVAGERIE, enseigne de vaisseau, tué *d'un coup de mer,* sur l'*Éléphant,* le 27 avril.

1741

Chevalier DE BÉTHUNE, enseigne de vaisseau, tué aux Iles, sur le *Mercure,* le 18 janvier.

OLLIVIER DE QUERGARIO, enseigne de vaisseau, « péry » sur le *Bourbon,* le 12 avril.

BARAZET, enseigne de vaisseau, « péry » sur le *Bourbon,* le 12 avril.

SAVIGNY, enseigne de vaisseau, « péry » sur le *Bourbon,* le 12 avril.

1742

GINESTE, enseigne de vaisseau, tué à Tabarka, le 9 juillet.

CASTILLON, le cadet, enseigne de vaisseau, noyé sur la *Sibylle,* le 27 août.

---

1. Voir lieutenant de vaisseau Porcheron de Saint-James, 1725.

1745

D'Asnière la Chapelle, enseigne de vaisseau, tué aux Iles, le
 2 juin.

Claire Fontaine, enseigne de vaisseau, tué aux Iles, le 2 juin.

Baron de Montchauveau, enseigne de vaisseau, tué aux Iles,
 le 2 juin.

APPENDICE III

PERTES DE L'ESCADRE DE L'ÉTENDUÈRE AU COMBAT DU 25 OCTOBRE 1747[1].

Le « Tonnant »

Monté par M. DE L'ÉTENDUÈRE. — 29 hommes tués, 80 blessés dont un tiers mutilés.

Officiers : CACQUERAY DE VALMEINER, bras fracassé ; DE KER-MADEC, garde de la marine, bras droit cassé ; DE VIALIS, garde de la marine, les deux poignets fracassés ; DU VERGER DE KERGOLAY, garde de la marine, le bras traversé par une balle ; DE RAIMONDIS, garde de la marine, trois doigts emportés.

Le « Terrible »

Monté par le capitaine de vaisseau DUGUAY. — 150 hommes tués ou blessés.

Tué : DE CHASTELUS, garde de la marine.
Brûlé à la figure et aux mains : DE BOISCHATEAU, lieutenant de vaisseau.

Le « Monarque »

Commandé par M. DE LA BEDOYÈRE (tué). — 133 hommes tués, 100 blessés tous grièvement.

Tué : DE MONTCALM, enseigne de vaisseau.

---

1. (*Archives du ministère de la marine*. — Campagnes B⁴ 61.) — Les mêmes archives (C¹ 155) portent comme tué en 1746, l'enseigne Saint-Saen, et en 1748 l'enseigne d'Aymard Puymichel, tué le 11 février sur le *Magnanime*.

Blessé dans l'aine : DE KERJEAN, lieutenant de vaisseau, second ; un autre officier blessé aux deux jambes.

Le « Neptune »

Commandé par M. DE FROMENTIÈRE (mort de ses blessures).
100 tués, 180 blessés.

Tués : D'HARAUCOURT, lieutenant de vaisseau, second ; GÉRARD D'OISSEAU, DE BLOIS, l'aîné, lieutenants de vaisseau ; DE LA MAURINIÈRE, lieutenant de vaisseau, aide-major ; DE KERVA-SEGAN DES SALLES, lieutenant de vaisseau, capitaine des gardes ; DE NOLIVOS, chevalier D'ARGENTRÉ, chevalier DE CONFLANS, DE COURSELAS, DE LA RAYE, DE PORTEBISE, gardes du pavillon.
Blessés : DE KERLEREC, DE LORGERIL, lieutenants de vaisseau.

Le « Fougueux »

66 hommes tués, 85 blessés dont 35 amputés.

Tué : FROMONT DE VILLENEUVE, enseigne de vaisseau.

Le « Castor »

Frégate : MM. DE BUTET et chevalier DE BRONS, *officiers (tués).*
74 hommes tués, 20 blessés.

APPENDICE IV

OFFICIERS TUÉS OU BLESSÉS DANS LES PRINCIPAUX COMBATS DE LA GUERRE DE 1756 [1]

Combat de Port-Mahon

Blessés : D'URRE, DE BEAUCOURT, DE GIBANELLE, DE SIGNORET, GRAVIER, DE PERUSSY, DE PUTY, D'ALBERAS.

Combat de la division de Beaussier
26 juillet 1756

Blessés : DE BEAUSSIER, capitaine de vaisseau ; DE FAYET, enseigne de vaisseau.

Combat de l' « Aquilon » et de la « Fidèle »
17 mai 1756

Blessés dangereusement : DE MAUNILLE, commandant l'*Aquilon*; DE LA FILIÈRE, capitaine de vaisseau en second ; HUKON, lieutenant de vaisseau ; chevalier DE CARDAILLAC, capitaine des gardes.

Combats du « Robuste »
13, 14, 15 et 17 avril 1757

Tué : Chevalier DE CAUSSADE.

Blessés : DEPARAGUÈTE, capitaine de vaisseau ; de SOLLIER,

---

1. *Annales maritimes* de 1822.

Brière, lieutenants de vaisseau ; de Gaignereau, enseigne de vaisseau.

(*Voir* de Périgny, lieutenant de vaisseau : Combat de l'*Émeraude*.)

Combat de Louisbourg

21 octobre 1757

Tués : de Fontenu ; de Gouillon, Gargian, de la Tulaye, Durbourg.

Blessés : de Kersaint, capitaine de vaisseau, trois blessures ; de Moëlieu, capitaine de vaisseau ; Longchamps, d'Aigremont, d'Argouges, de Saint-Denis, de Leliorne, de Guernisac.

Combat du « Raisonnable »

29 avril 1758

Tué : Tournefort, lieutenant de vaisseau.

Blessés : de Belle-Isle Pépin, capitaine de vaisseau ; de Boisgelin, de Puy-Bernan, enseignes de vaisseau ; Buchet, commandant un détachement suisse ; de Bordenave, de Villedon, gardes de la marine.

Combat de l' « Aréthuse »

Juillet 1758

Tué : La Garde-Payan, lieutenant de vaisseau.

Blessés : Rouillé d'Orfeuille, Dubois, enseignes de vaisseau.

Combat de Calypso

21 août 1758

Tués : de la Touraille, La Boissière, gardes de la marine.
Blessé : Chevalier de Thiersaville.

APPENDICE V

Tués : DE LA CLUE, chef d'escadre (jambe gauche cassée, blessure considérable à la droite ; mort de ses blessures), à bord de l'*Océan* ; chevalier DE VILAGE, lieutenant de vaisseau, à bord du *Guerrier*[2] ; DE CAMBRAY, garde de la marine, à bord du *Centaure* ; DE L'ORME, garde de la marine, à bord de l'*Océan*.

Blessés : DE SABRAN, capitaine de vaisseau, commandant le *Centaure* (criblé de blessures)[3] ; DE GUIRAND LA BRILLONNE, lieutenant de vaisseau (blessé légèrement au bras gauche), à bord du *Centaure* ; DE GANTES, lieutenant de vaisseau (éclat à la jambe gauche), à bord du *Centaure* ; DE CASTELLANE MAJASTRE, lieutenant de vaisseau (pied écrasé), à bord de l'*Océan* ; DE GRASSE BRIAMON, lieutenant de vaisseau (contusion à la jambe) ; D'AIMINY, enseigne de vaisseau (éclat au poignet gauche), à bord du *Centaure* ; chevalier DE CASTELLANE MAJASTRE, enseigne de vaisseau (éclats à la jambe et à

---

1. *Archives de la Marine* (Ministère). — Campagnes B4 90.

2. Un des soldats embarqués à bord du *Guerrier* ayant eu les deux jambes coupées, une gratification extraordinaire ou la solde entière furent demandées pour lui. Le ministre écrivit en marge de la demande « 200 livres de gratification » (!).

3. On peut voir que l'état-major du *Centaure* eut 1 officier tué et 6 officiers cités comme blessés. A la fin de son rapport le capitaine de Sabran ajoute : « aucun de mes autres officiers qui n'ait quelque légère blessure par les éclats ».

la joue qui lui a cassé une dent et ébranlé les autres), à bord de l'*Océan ;* DE SAUSSE, enseigne de vaisseau, lieutenant des gardes (éclat à la jambe), à bord de l'*Océan ;* chevalier DE GLAU-DEVÉS, chevalier de Malte, enseigne de vaisseau (éclat à la cheville), à bord de l'*Océan ;* MOTHEUX, enseigne de vaisseau (blessé très grièvement d'un éclat à la jambe), à bord de l'*Océan ;* DE RAYMONDIS CANAUX, enseigne de vaisseau (blessé à la main, amputation de l'annulaire et de la deuxième phalange du médius), à bord du *Téméraire ;* chevalier DE LOYAL, garde de la marine (éclat considérable sous le téton droit et à l'épaule), à bord du *Centaure ;* D'ESTOUBLON, garde de la marine (éclat à la jambe droite), à bord du *Centaure ;* DE VIGNY, garde de la marine (éclat au col et au visage), à bord du *Centaure.*

APPENDICE VI

Vaisseau de 80 canons « le Formidable »[1]

Tués : SAINT-ANDRÉ DU VERGER, chef d'escadre, tué par un boulet; chevalier SAINT-ANDRÉ DU VERGER[2], capitaine de vaisseau, commandant, tué par un boulet; D'ARGOUGES, lieutenant de vaisseau (boulet dans la poitrine); COATANDON, lieutenant de vaisseau (noyé sur le radeau)[3]; COLLINE, lieutenant de vaisseau (coupé tout à fait en deux par un boulet); GRAMMONT, enseigne de vaisseau (les reins coupés par un boulet); DE CHAULNES, garde de la marine, garçon major (coupé en deux); D'ENNEVILLE DE MARMOZIN, garde de la marine (la tête emportée par un boulet); DE LURIENNE, lieutenant aide-

---

1. La lutte du *Formidable,* engagé seul contre huit vaisseaux anglais, est un des épisodes les plus glorieux de nos luttes sur mer. La liste ci-jointe, ainsi du reste que celles qui suivent, sont tirées du rôle d'équipage de ce vaisseau qui se trouve aux Archives nationales (Marine-Campagnes B4). J'ai copié scrupuleusement les annotations accolées aux noms des officiers tués ou blessés.

2. Frère de l'amiral.

3. Cet officier avait été transporté sur une frégate anglaise qui fit naufrage le soir même de la bataille. Quelques officiers et marins français avaient pu se réfugier sur un radeau. Tous, sauf deux, y périrent de froid et de faim, ce radeau ayant erré pendant onze jours au gré des flots. (Pour plus de détails, consulter l'historique du *Formidable, Revue maritime* du mois d'avril 1900.)

major[1] (jambe emportée : mort de sa blessure) ; DE MONTLUC, capitaine d'infanterie (jambe emportée : mort de sa blessure).

Blessés : DU MESNIL-DOL, lieutenant de vaisseau, aide-major[1] (jambe droite emportée, contusions multiples) ; PENANDREFF-KERSAUSAN, lieutenant de vaisseau (blessure légère à la face, fortes contusions à la tête) ; HAY DE BOUTTEVILLE, garde de la marine (contusions à l'avant-bras) ; LAPÉROUSE DU GALAUP[2], garde de la marine (contusions au ventre et au bras) ; DE VARNICOURT, garde de la marine (le bras et l'avant-bras cassés, les doigts de la main droite emportés, le visage couvert de plaies et de contusions) ; LE MENEST DE BOISJEAN, garde de la marine (contusions à l'épaule) ; DE RIBIÈRES, garde de la marine (contusions au bras et à la main) ; DE SAVONNIÈRE, capitaine d'infanterie (blessures à la cuisse par un boulet et fesses déchirées par la mitraille) ; DE LA PICOTERIE, lieutenant d'infanterie (criblé de coups de fusil et le ventre emporté par un boulet).

Sur un équipage de 850 hommes, garnison comprise, 60 à peine étaient debout quand le vaisseau se rendit. Dans son rapport au ministre, le médecin-major du *Formidable* avoua avoir opéré le pansement de plus de 300 blessés grièvement « presque tous amputés ».

Vaisseau de 74 canons « le Thésée »

Chaviré pendant la bataille. — Tout l'état-major fut noyé[3].

DE KERSAINT, capitaine de vaisseau, commandant ; DE BOTTEREL, capitaine de vaisseau en second ; DE MERVÉ, DU MENÉ DE SUZEREC, LONGUEVAL, chevalier DE LORDAL, marquis de JONS, DUGRAIN DE LANGE, lieutenants de vaisseau ; FOLIGNY, enseigne de vaisseau ; MACNÉMARA, l'aîné, enseigne de vaisseau,

---

1. Ou aide de camp.
2. Le futur grand navigateur.
3. Vingt hommes seulement échappèrent à cette terrible catastrophe.

sous-lieutenant d'artillerie[1] ; SERRE DE FROTTIER, enseigne de vaisseau ; DUMETZ, écrivain du Roy ; RABY, chirurgien major ; HÉMERY, prêtre aumônier ; DUPLESSIS-BOTTEREL, DAMPHERNET, chevalier DE BULLION, GOURDEL DE KERIOLET, DE BEC DE LIÈVRE DE KERMOLIEN, gardes de la marine ; DE SERRÉ, capitaine au régiment de Saintonge ; DE BRIE, lieutenant au régiment de Saintonge ; DE BOISSELET, capitaine au régiment de Talarn ; DE FIRMY, lieutenant au régiment de Talarn ; chevalier DE KERSEAN, lieutenant des milices garde-côtes.

Le « Superbe » de 74 canons

Capitaine DE MONTALAIS. — Perdu corps et biens[2].

Le lieutenant de vaisseau DE CARNÉ et l'enseigne de vaisseau DE MONTALAIS sont cités dans le rapport parmi les morts.

Le « Juste » de 74 canons

Capitaine DE SAINT-ALLOUARN. — Naufragé[3].

Deux officiers seulement échappèrent avec la plus faible partie de l'équipage. Parmi les morts, on cite le lieutenant de vaisseau PÉRIER, fils d'un lieutenant-général des armées navales.

Le « Héros » de 74 canons

Capitaine DE SAUSSAY. — 140 à 150 hommes blessés.

Tués : CHARLES DE QUÉLEN, DE MAUPERTUIS, enseignes de vaisseau.

Blessés : Chevalier DE LAURENTIE, enseigne de vaisseau ; MÉTAER, DE LORGERIL, gardes de la marine.

---

1. C'est-à-dire chargé en sous-ordre de l'artillerie.
2. Le rôle de ce vaisseau n'existe pas aux Archives nationales.
3. Le rôle de ce vaisseau n'existe pas aux Archives nationales.

Le « Magnifique » de 74 canons

Capitaine BIGOT DE MOROGUES. — *9 blessés grièvement, 9 blessés légèrement.*

Blessé : GESLIN DE TRÉMERGAT, garde de la marine (jambe emportée).

Le « Solitaire » de 70 canons

Capitaine DE LANGLE. — *1 soldat grièvement blessé.*

Blessés : DE GOUVELLE, capitaine de vaisseau en second (blessé à l'oreille) ; D'ALLAIN, enseigne de vaisseau (dangereusement blessé au tronc).

L' « Éveillé » de 70 canons

Capitaine marquis DE LA PRÉVALAYE. — *3 hommes tués, 2 blessés.*

L' « Orient » de 80 canons

Capitaine DE GUÉBRIANT D'ESCUDES, *chef d'escadre.*

Blessé : D'AILLY, capitaine de grenadiers.

(Les pertes des autres bâtiments sont nulles[1].)

---

1. J'ai séparé les pertes par vaisseau, pour bien montrer combien différemment ils furent traités, et que la bataille de Quiberon fut bien le sacrifice de quelques braves (voir : *Batailles navales*, de Troude, tome I) abandonnés par le reste de l'escadre, manœuvrée pitoyablement par M. de Conflans.

APPENDICE VII

OFFICIERS TUÉS OU BLESSÉS DANS LES PRINCIPAUX COMBATS DE LA GUERRE DE 1778

Combat de la « Belle-Poule »

Combat d'Ouessant

27 juillet 1778

Tués: DE VINCELLES, enseigne de vaisseau ; DAMART, lieutenant de frégate ; DE MOLORE, DE FORMANOIR, officiers d'infanterie.

Blessés : Chevalier DUCHAFFAULT, lieutenant-général; D'AYMAR, DE SILLANS, capitaines de vaisseau; DE LA CROIX, DE COEFFIER DE BREUIL, chevalier DUCHAFFAULT, DE FAYARD, DE VIGNY, DE BEAUMANOIR, lieutenants de vaisseau ; DESNOS DE LA HAUTIÈRE, DE MELFORT, chevalier DU BOUEXIC, D'ABBADIE SAINT-GERMAIN, enseignes de vaisseau; DE MONTUCHON, DE BOISGUEHENNEC, gardes de la marine; JAMBON, ROUILLARD, officiers auxiliaires ; DE CHATEAU-GIRON, DE RIVIÈRE, DE BUCHERON, officiers d'infanterie.

Combat de Pondichéry

10 août 1778

Tués : LECHAT-DESLANDES, LENOIR-PAS-DE-LOUP.
Blessé : DE TRONJOLY, capitaine de vaisseau.

Combat du « César »

16 août 1778

Tué : DE FOUCAUD, officier au régiment d'Hainaut.

Blessés : DE RAIMONDIS, capitaine de vaisseau (très grièvement) ;
JULHAUD DE FONTBLANCHE.

Combat de la « Concorde »

22 août 1778

Tué : Chevalier DE TILLY.

Combat de la « Junon »

6 septembre 1778

Tués : D'ISLE DE LAMOTHE, DE CHAVAIGNAC, lieutenants de
vaisseau ; ROQUEFEUILLE, enseigne de vaisseau.

Prise de Sierra-Leone

11 février 1779

Tué : BARRAS LA VILLETTE, lieutenant de vaisseau.

Combat de la « Concorde »

16 février 1779

Blessé : LE GARDEUR DE TILLY, commandant.

Bataille de La Grenade

6 juillet 1779

Tués : DE GOTHO, chevalier DE GOTHO, DE MARGUERY, JAC-
QUELOT, DE CAMPREDON, lieutenants de vaisseau ; BUISSON,
officier auxiliaire ; R. DE LA TURMELIÈRE, TUFFIN DE DUCIS,
gardes de la marine ; DE FREMOND, DE CLAIRAUD, officiers
d'infanterie.

Blessés : DE DAMPIERRE, DE RETZ, DE CILLART DE SURVILLE, DE CASTELLET, capitaines de vaisseau ; LE NORMAND DE VICTOR, MASSILLAN DE SANILHAC, lieutenants de vaisseau ; DESGLAISAUX DE VANAL, DE CARNÈ-CARVALLET, lieutenants de vaisseau ; SCOSLIERNA, officier suédois ; DE REYNIÈS, DE BARGIÈS, gardes de la marine ; JUGAN, DE BOULOUVARD, DE BARENTIN, DE LA MARTINIÈRE, LE REY, FROSSARD, officiers auxiliaires ; le comte E. DILLON, chevalier DE LAMETH, DE PEYRELONGUE, PLAGUET, RAFFIN, vicomte DE MORY, officiers d'infanterie.

Combat de l'« Amphitrite »

9 septembre 1779

Blessé : DESNOS, enseigne de vaisseau (très grièvement).

Combat de la « Surveillante »

6 octobre 1779

Tué : DUFRESNEAU, officier auxiliaire.

Blessés : DE LA BENTINAYE, enseigne de vaisseau (très grièvement) ; DE LOSTANGES, enseigne de vaisseau (grièvement) ; VAUTHIER, officier auxiliaire (grièvement).

Siège de Savannah

Octobre 1779

Blessés : D'ESTAING, vicomtes DE FONTANGES et DE BÉTHINY, baron DE STEDING.

Combat de la division L. Piquet

22 mars 1780

Blessé : LA MOTTE-PIQUET.

Combat sous la Dominique
17 avril 1780

Tués : DE COETIVY, lieutenant de vaisseau ; DE CHEFFONTAINE, DE RAMATUELLE, enseignes de vaisseau ; DE VASSAL, DE GAZAN, officiers auxiliaires ; DE SÉGUIN, DE MONTCOURRIER, D'AIGUILY, DE BOUVILLE, officiers d'infanterie.

Blessés : DUMAITZ DE GOIMPY, DUMAS, DE COHAN, D'AYMAR, capitaines de vaisseau ; DE LAMBOUR, DE RIEUX, DE CHAMBELLÉ, DE GANTÈS, DE BLOIS, HURAUT, enseignes de vaisseau ; BROMER, officier suédois ; DE DIENNE, DU SELLIER, OGIER, VAILLANT, officiers auxiliaires ; DOMBREY, DE BERULLE, DE CHAUMEREY, gardes de la marine ; DE LA BALME, DE LA FOLIE, DE KARNÉ, DE VOSSELLE, DE MALVILLE, DE QUERHOUANT, DE BEAULIEU, DE GRANDE-SEYNE, D'AUDRIFRÉDY, officiers d'infanterie.

Combat de la « Capricieuse »
5 juillet 1780

Tué : DE CHAPELLE-FONTANES, lieutenant de vaisseau.

Blessé : DE CHERVAL, enseigne de vaisseau (trois blessures, dont une très grave).

(Tous les autres officiers furent blessés.)

Combat de la « Belle-Poule »
16 juillet 1780

Tué : HURAULT DE LA VILLE-LUISANT, garde de la marine.

Blessé : DE LA MOTTE-TABOUREL, officier auxiliaire.

Combat de la « Nymphe »
19 juillet 1780

Tués : PENANDREFF DE KERANSTRET, DU COUËDIC, enseignes de vaisseau.

Blessés : TAILLARD, lieutenant de frégate (trois blessures graves);
DELAFOND, COURSON DE VELLEHELIO, DUDREZIT, gardes de
la marine.

Combat du « Serpent »
25 septembre 1780

Blessé : DE LAUNE, commandant (grièvement).

Combat de la « Légère »
16 octobre 1780

Blessé : MAURIC, commandant.

Combat de la « Minerve »
4 janvier 1781

Tués : ANDRIEU DE SAINT-ANDRÉ, lieutenant de frégate ; DE NOS-
SEY, garde de la marine.

Blessés : Chevalier DE GRIMOUARD, lieutenant de vaisseau, commandant, et trois autres officiers.

Combat de la Chesapeake
16 mars 1781

Tués : DE KERGUS, enseigne de vaisseau ; DE QUÉZENNEC, officier
auxiliaire.

Blessés : DE MÉDINE, capitaine de vaisseau ; LA TRANCHADE,
LE GROING DE LA ROMAYÈRE, DUPAS DE BELLEGARDE, enseignes de vaisseau ; LE MOINE, D'ABOVILLE, DUPUIS, officiers
auxiliaires.

Combat de la Martinique
28 avril 1781

Tué : FOURNIER DE SALMES, lieutenant de vaisseau.

Blessés : Baron DE VALOIS, lieutenant de vaisseau ; CERRIGNY, garde de la marine ; NOLINY, officier auxiliaire.

Combats de l' « Actif »

14 et 15 mai 1781

Blessés : DE BOADES, capitaine de vaisseau, commandant ; BOUSSARD, lieutenant de frégate ; MARQUÈRE, officier auxiliaire.

Combat de la « Surveillante »

5 juin 1781

Tués : BONNIEC DE KERDANIEL, LESIEUR, officiers auxiliaires ; DE LA SOURDIÈRE, garde de la marine.

Combat de l' « Hermione »

21 juillet 1781

Blessé : GOURY, officier auxiliaire.

Combat de la « Fée »

27 juillet 1781

Tué : GAMBAM, officier auxiliaire.
Blessé : DE LEYRITZ, garde de la marine.

Combat de la « Magicienne »

1ᵉʳ septembre 1781

Tué : DE MARMIER, officier d'infanterie.
Blessés : Chevalier DE VILLEVIEILLE, lieutenant de vaisseau ; DE THAM, enseigne de vaisseau.

Combat de la Chesapeake

5 septembre 1781

Tués : Chevalier DE LA VILLEOIS, officier auxiliaire ; DUPRÉ D'ORVAULT, lieutenant de vaisseau.

Blessés : Marquis DE CHABERT, DE MONTECLÈRE, DE FRAMOND, DE CHAMPMARTIN, capitaines de vaisseau ; DE GOUZILLON, L'HERMITE MAILLANNE, GORON DE VOROUAULT, SAQUI-DES-TOURES, lieutenants de vaisseau ; LE CORDIER, LE BELAIZIÈRE, lieutenants de frégate ; LUCAS, DE BROCHEREUIL, officiers auxiliaires ; DE SAMBUCY, garde de la marine ; DELASALLE, TA-CHEREAU, officiers d'infanterie.

Combats de Saint-Christophe

25 et 26 janvier 1782

Tués : DURAND DE LA MOTTE, lieutenant de vaisseau ; HANK, officier suédois ; DUBUC et GRALT, officiers auxiliaires.

Blessés : TRUGUET aîné, lieutenant de vaisseau ; LE MENEURT, enseigne de vaisseau ; CHATEAUROUX, garde de la marine ; QUATROMANI, officier napolitain ; GRENIER DE PEZENAS, GOU-VERNET, TERRIEN, officiers auxiliaires.

(*Voir* DE MONTGUYOT, lieutenant de vaisseau, pour le beau combat et les pertes de l'*Amazone*.)

OFFICIERS TUÉS ET BLESSÉS

A LA BATAILLE DE LA DOMINIQUE

12 AVRIL 1782 [1]

Tués : DE LA METTRIE, L'HERMITE MAILLANNE, DE KARVEL, D'ORSIN, DE VILLENEUVE-FLAYOSE, DE REBENDER, lieutenants

---

1. *Annales maritimes* de 1822.

de vaisseau ; DE BEAUCOUSE, VIDELON DE LISCOUET, DE QUAT-
TROMAIN, enseignes de vaisseau ; DE BROCHEREUIL, MORACIN,
officiers auxiliaires ; DE KÉROLAIN, garde de la marine ; DE LA
FORGERIE, TROGOFF, officiers auxiliaires.

(*Liste incomplète ; il y eut 21 officiers tués.*)

Blessés : DE VAUDREUIL, chef d'escadre ; LE BÈGUE, DE THY,
MÉDINE, capitaines de vaisseau ; DE MALLET, DU ROURE, DE
VIEUXBOURG DE ROSILY, DE CLÉRIMBERT, DE CHAMPAGNY,
DUPUY, DE CARCARADEC, D'ASSAS-MONTDARDIER, TRÉDERN
DE LEZÉREC, DESPIÉS, DE TROGOFF, DE PORTZAMPAR, lieute-
nants de vaisseau ; BARTON DE MONTBAS, DE LAULAINE, DE
MARNIÈRES DE MONTIGNY, DE BLESSINGA, DE TOLL, DE MON-
TELL, enseignes de vaisseau ; CHARRON, ROLLAND, LEVILAIN,
DU FROSSEY, DUPORTAILLE, BICHER, MARTIN, QUINART, offi-
ciers auxiliaires ; LE LIVEC, DE CHATEAUFOUR, gardes de la
marine ; DE MONTLEZIN, DE GOUILLARD, DE VILLE, DE MON-
TEL, DE QUETTEVILLE, DE MONTALEMBERT, DE LA BROSSE,
DEJEAN, TANNEGUY, DESHAYES, D'ADHÉMAR, DE COQUET,
DE TRONVONT, DE KERLEREC, DE SAINT-SIMON, DE RENOUARD,
DE BOISGANTIN, officiers d'infanterie.

Combat de l' « Aigle »

19 août 1782

Blessés : LE MOINE DE PRENEUF, enseigne de vaisseau (frère du
capitaine) ; BONTOT, officier auxiliaire.

Combat du « Scipion »

Octobre 1782

Blessés : DE GRIMOARD, chevalier DE FOUCAULT, lieutenants de
vaisseau ; MONTGRAND DE COUTEVILLE, enseigne de vaisseau ;
MAISTRAL, officier auxiliaire.

Combat de la « Sibylle »

2 janvier 1783

Tué : DE RIEK, officier auxiliaire.

Blessés : DE KERGARIOU, capitaine de vaisseau, commandant ; D'ESCURES, lieutenant de vaisseau ; DELAPORTERIE, enseigne de vaisseau ; LA BARONNAIS, officier auxiliaire ; DUMENEZ DE LEZUN, volontaire.

Combat du « Chasseur »

Février 1783

Tués : MARTIN, DUNOIS, officiers auxiliaires.

Blessés : DE BOISGELIN, enseigne de vaisseau, commandant ; TUVERNE, enseigne de vaisseau.

Naufrage de la « Bourgogne »[1]

Février 1783

Capitaine CHAMPMARTIN. — *10 officiers et 150 hommes noyés.*

PERTES DES ÉTATS-MAJORS DE SUFFREN
PENDANT LA CAMPAGNE DE L'INDE[2] (1781-1783)

Tués : DE TRÉMIGON, capitaine de vaisseau, commandant l'*Annibal* (combat de la Praga, 16 avril 1781) ; DE CARDAILLAC, capitaine de vaisseau, commandant l'*Artésien* (combat de la Praga, 16 avril 1781) ; DE PIERREVERT, lieutenant de vaisseau, commandant la *Bellone* (11 août 1782) ; DE PÉAN, lieutenant de vaisseau, commandant la *Consolante* (combat de Trinque-

---

1. Le rôle de ce bâtiment n'existe pas aux Archives nationales.
2. Journal de bord du *Suffren*.

malé, 3 septembre 1782); Dupas de La Mancelière, lieutenant de vaisseau, commandant l'*Ajax* (combat de Gondelour,
20 juin 1783); de Salvert, lieutenant de vaisseau, commandant le *Flamand* (combat de Gondelour, 20 juin 1783); de
Bourdeilles, lieutenant de vaisseau (12 avril 1782); de Rochemore, lieutenant de vaisseau (12 avril 1782); de Cuers,
lieutenant de vaisseau (12 avril 1782); de Voutron, lieutenant de vaisseau (3 septembre 1782); Perrier, lieutenant de
vaisseau (20 juin 1783); de Bielke, enseigne de vaisseau
(12 avril 1782); Lamerkienna, officier suédois (12 avril 1782);
de La Grandière, enseigne de vaisseau (3 septembre 1782);
de Robinot, enseigne de vaisseau (20 juin 1783); de Ba-
rence, garde de la marine (12 avril 1782); Le Vasseur de
Séligny, lieutenant de frégate (12 avril 1782); Le Tollay,
lieutenant de frégate (16 avril 1781); Dubousquet, lieutenant
de frégate (3 septembre 1782); Boucher, officier auxiliaire
(11 août 1782); Le Vary-Leroy, officier auxiliaire, capitaine
de brûlot (16 avril 1781); Dieu, officier auxiliaire, capitaine
de brûlot (20 juin 1783); L'Issélée, officier auxiliaire (20 juin
1783); de Lessègues, officier auxiliaire (20 juin 1783);
Dumoulin, officier d'infanterie (20 juin 1783); de Chazan,
officier d'infanterie (16 avril 1781); de Manny, volontaire
(16 avril 1781).

Nota. — Les pertes de la division de Suffren, pendant la campagne
de 1781-1783, furent de 633 hommes tués, 1,785 blessés. A lui seul
le *Héros*, bâtiment amiral, toujours au plus épais du feu, eut 116
hommes tués et 283 blessés, soit les 2/3 de son équipage au départ de
France.

Blessés : de Cillart, de Galles, du Chilleau, de Saint-
Félix, capitaines de vaisseau ; Tréouret, Bouché, de
Bruyère, de Ravenel, chevalier de Galles, Morel de Mons
de Villeneuve, Huon de Kermadec, lieutenants de vaisseau ; Beaulieu, de Beaupoil, d'Aukarlo, de Cadignan,

baron DE ROCHEMORE, D'APCHÉ, DE POIGNAT DE BONNEVIE, DE THAU, IDGEMOLD (officier suédois), enseignes de vaisseau ; D'AIGREMONT, DE VIGNY, DE COSNOAL, gardes de la marine ; LASALLE, GROIGNARD, capitaines de brûlot ; AMIELH, DULAC, lieutenants de frégate ; GOULER, PASTRASCOUR, LAFOND, KERMELLEC DE LA REYNIÈRE, MALHERBE, DE GÈVRES, DORDELIN, DANIEL, DORIGNY, DE GOUARDUN, chevalier D'AMPHERMET, GILOUX, DE MORFOACE, officiers auxiliaires ; LAMARTINIÈRE, MONTALEMBERT, DE CREUX, DELATOUR GODIS, SÉGUIER, DE VILLIONNE, D'EGMONT, DE LESQUIN, FLANTIN, officiers d'infanterie ; LEJUGE, officier d'artillerie.

APPENDICE VIII

ÉTAT-MAJOR DE LA *BELLE-POULE* AU COMBAT
DU 17 JUIN 1778

M. DE LA CLOCHETERIE était le héros du beau combat livré par la *Belle-Poule,* qu'il commandait, à la frégate anglaise l'*Aréthuse* (en vue de l'escadre anglaise), au début de la guerre d'Amérique. Voici la composition et les pertes de l'état-major lors de cet engagement :

DE LA CLOCHETERIE, lieutenant de vaisseau (grièvement blessé). Fut nommé capitaine de vaisseau et au commandement de l'*Hercule*. Sa nomination lui fut, dit-on, annoncée par le roi, qui vint en personne le trouver chez M. DE SARTINES, où il dînait le soir de son arrivée à Paris (?).

GREEN DE SAINT-MARSAULT, lieutenant de vaisseau (tué).

Chevalier DE CAPELLIS, lieutenant de vaisseau (blessé). Cet officier qui commandait la batterie et avait fait tirer 850 coups de canon fut reçu, sur les quais de Brest, par la marquise d'AUBETERRE, femme du commandant de Bretagne, qui lui offrit, au nom des dames de la ville, une magnifique cocarde blanche.

DANARDET-HERVÉ, officier auxiliaire.

BOUVET, lieutenant de frégate, officier de manœuvre (grièvement blessé).

DE LA ROCHE-KÉRANDRAON, garde du pavillon (bras emporté). Remonta sur le pont après s'être fait panser. Il reçut la croix de Saint-Louis, et, bien qu'il n'eût que dix-sept ans, les membres des États de Bretagne lui décernèrent le droit de séance et de délibération dans leur assemblée.

DE BASTEROT, garde du pavillon.

DE LA GALERNERIE, garde du pavillon.

NOTA. — Un des curés des environs de Morlaix fit mettre sur le clocher de son village une poule, à la place du coq qui se voyait des environs, voulant montrer aux Anglais comment ils seraient reçus s'ils débarquaient. Enfin de tous côtés les coiffures, les ornements furent « à la Belle-Poule ». (*Historique de la Belle-Poule,* par C. de Jonquières. — *Moniteur de la Flotte* du 4 octobre 1857.)

APPENDICE IX

OFFICIERS, SAVANTS ET ARTISTES,

EMBARQUÉS

SUR LES FRÉGATES *LA BOUSSOLE* ET *L'ASTROLABE*,

DISPARUES EN 1788[1]

La « Boussole »

DE LA PÉROUSE, contre-amiral, commandant ; DE CLOUART, lieutenant de vaisseau, chef du détail ; D'ESCURE, BOUTIN, lieutenants de vaisseau ; DE PIERREVERT, COLLINET, enseignes de vaisseau ; MICHEL DE SAINT-CÉRAN, DE MONTARNAL, DE ROUX D'ARBAUD, FRÉDÉRIC BOUDRON, gardes de la marine ; DE MONNEROU, ingénieur en chef ; BERNÉRAT, ingénieur géographe ; ROLLIN, chirurgien major ; LEPANTE DAGELET, astronome ; DE LAMANON, physicien[2] ; L'ABBÉ MONGES ; DUCHÉ DE RANCY, dessinateur ; PRÉVOST, COLLÉGNON, botanistes ; GUÉRY, horloger.

L' « Astrolabe »

DE LANGLE, capitaine de vaisseau[2] ; DE MONTI, lieutenant de vaisseau, second ; FRITON DE VANJUAS, D'AIGREMONT, DE

---

1. L'astronome Monge, débarqué malade aux Canaries et M. de Lesseps, interprète pour la langue russe, débarqué à Vladivostok avec les documents de la mission, furent les deux seules personnes des états-majors qui survécurent.

2. Massacrés par des sauvages le 11 décembre 1787, ainsi que 9 matelots.

LABORDE, MARCHANVILLE, BLANDELA, enseignes de vaisseau ; DE LABORDE, BAUTERVILLIERS, LAW DE LAURISTON, RAXI DE PLASSAU, gardes de la marine ; DE LA MARTINIÈRE, docteur ; DUFRESNE, naturaliste ; LE PÈRE RECEVEUR, religieux, naturaliste ; PRÉVOST, l'oncle, dessinateur ; LAVAUX, chirurgien.

APPENDICE X

Le vaisseau « la Montagne » de 12 canons

Villaret-Joyeuse, contre-amiral, commandant en chef; Jean Bon Saint-André, représentant du peuple (blessé) ; Delmotte, capitaine de vaisseau, major général ; Rassé, chef d'administration (tué) ; Carro, lieutenant de vaisseau, sous-aide-major ; Cordier, enseigne de vaisseau, sous-aide-major (blessé) ; Le Gris, secrétaire du général (blessé) ; Desouches, secrétaire.

Basire, capitaine de vaisseau, commandant (tué) ; Vignot, lieutenant de vaisseau [1] ; Jamel, Léonard, lieutenants de vaisseau ; Hué, lieutenant de vaisseau (mort de ses blessures le 17 août) ; Mahéas, Angot, Lehoué, Bonamy, lieutenants de vaisseau ; Le Vasseno, enseigne de vaisseau ; Rebours, enseigne de vaisseau (tué) ; Guingamp, enseigne de vaisseau (mort de ses blessures le 25 juin) ; Malledant, enseigne de vaisseau (blessé) ; Robillard, Marmin, Yset, Carel, enseignes de vaisseau ; Denis, capitaine au 1er régiment d'artillerie de marine ; Estivin, lieutenant au 41e régiment d'infanterie ; Béchaut, sous-lieutenant d'infanterie de marine ; Paris, sous-chef de comptabilité, Jourchon, secrétaire du major ; Rosset,

---

1. Prit le commandement du vaisseau après la mort du capitaine Basire.

instituteur (blessé); PICHON, chirurgien major; BARRÉ, LE
COINTE, LE NOBLE, aspirants de marine; CHARDON, aspirant
de marine (tué); BOUVIER, PASTOL, aspirants de marine; LE
FER, aspirant de marine (tué); GUILLECHER, aspirant de marine (blessé); LE MORVANT, MAHÉ, aspirants de marine.

ÉTAT-MAJOR DU *VENGEUR*

RENAUDIN, capitaine de vaisseau, commandant (blessé); Étienne
DELOUCHE, lieutenant de vaisseau; Louis TABOIS, Joachim
CONSTANTIN, lieutenants de vaisseau (tués); Étienne PER-
BENNE, enseigne de vaisseau, d'Agde (Hérault); François RIO,
enseigne de vaisseau, de Lorient (a péri le 13); Vincent LOUI-
NEAU, enseigne de vaisseau, de La Rochelle; Jamain LUSSET,
enseigne de vaisseau, des Sables-d'Olonne; J.-G. Benjamin
TROUVÉ, enseigne de vaisseau; René BONNAUD, sous-chef
civil; Philippe HÉRON, chirurgien de 3ᵉ classe; Joseph SOL-
GUER, capitaine d'infanterie, commandant la garnison; J.-B.
CALLON, lieutenant en second de la 1ʳᵉ compagnie du 2ᵉ bataillon d'artillerie, commandant l'artillerie; Anselme GRAN-
JEAN, lieutenant des volontaires nationaux, commandant en
2ᵉ la garnison; J.-J. GIROUX SAINT-JAMES, instituteur de Paris
(a péri le 13); Jean GÉMON, aspirant de marine, de Rochefort
(a péri le 13); B. THIBAULT, aspirant de marine, de Rochefort.

APPENDICE XI

CONDÉ, capitaine de vaisseau (forte fracture du bras droit, une deuxième à l'estomac ; une forte contusion à la tête qui lui a affaibli l'ouïe ; autres contusions aux bras, aux jambes et aux autres parties du corps) ; HUE, capitaine de vaisseau, second (mort de ses blessures aux eaux d'Aix) ; JACOB, lieutenant de vaisseau, chargé du détail ; ALIER, lieutenant de vaisseau ; CHARRIER, lieutenant de vaisseau (deux jambes emportées ; mort) ; BRUN, ÉTIENNE, lieutenants de vaisseau ; CONFOULEIN, lieutenant de vaisseau (bras cassé ; blessure à la tête et au bas-ventre) ; DEVAUX, FOUTREL, QUIBEL, BAZIN, ROMEYRON, enseignes de vaisseau ; AJOT, enseigne de vaisseau (blessé sur différentes parties du corps) ; ALIZEAU, sous-chef d'administration ; SAUGUILLOU, chirurgien-major (tué) ; ROUGEOT, capitaine d'infanterie (tué) ; DRAGOT, capitaine d'infanterie ; CLÉMENDOT, FÉNELON, capitaines de la 104ᵉ demi-brigade ; BERNIER, officier d'artillerie ; LABORIE, lieutenant d'infanterie (blessé gravement à la jambe) ; PETIOT, lieutenant d'infanterie ; BONJEAN, JUILVICO, BERTHAUD, sous-lieutenants ; ROUSTAN, ANDRIEUX, LORIAGUE, LE ROY, FERRIER, aspirants de marine.

NOTA. — Étant données les pertes énormes de l'équipage, il est probable que les indications de morts ou de blessures, pour l'état-major, ne sont pas complètes.

---

1. Armements de Toulon : Sur le rôle du *Ça-Ira*, il y a, écrit sur la première page : « God Nell (?) the last inglishman and bless every Frenchman. » Signé : Dubois, french..... et, un peu plus bas :

Every inglishman is a dogue (*sic*). » Signé : the same.

APPENDICE XII

MAINGUEY, lieutenant de vaisseau ; VIT, lieutenant de vaisseau (tué pendant le combat) ; P. PETIT, enseigne de vaisseau (tué pendant le combat) ; PLANTEAU, CORBIÈRE, CARDON, enseignes de vaisseau ; ROQUETTE, chirurgien major ; GENISSET, officier d'administration ; JAMBAR, capitaine de la 121ᵉ demi-brigade) ; ROSIER, lieutenant de la 121ᵉ demi-brigade ; GARCIN, aspirant de marine.

Officiers survivants d'après le rôle (?) : RIO, DUMESNIL, BOURDIT, lieutenants de vaisseau ; SIMÉON, lieutenant à la 121ᵉ demi-brigade ; THIBAUD, lieutenant à la 83ᵉ demi-brigade ; JOUET, sous-lieutenant à la 83ᵉ demi-brigade ; BOUÉE, COLOMB, LE FRANÇOIS, enseignes de vaisseau ; FAUCON, TRIAIRE, FABRE, BOURET, aspirants de marine.

----

1. Armements de Toulon : Le citoyen Vit étant mort pendant le combat du 25 messidor, le citoyen Bourdit, lieutenant de vaisseau, chargé du détail, a mis les apostilles de mort à son arrivée en France et a formé le procès-verbal d'avancement de l'équipage. (Note du rôle.)

APPENDICE XIII

OFFICIERS TUÉS A LA BATAILLE D'ABOUKIR[1]

1er AOUT 1798

Capitaine de frégate : ROUX (*Conquérant*).

Lieutenants de vaisseau : DALMAS (*Orient*), SIMON (*Spartiate*), SAUMARD (*Spartiate*), GUEILLET (*P. Souverain*), GACHE (*Conquérant*), APROGY (*Généreux*).

Enseignes de vaisseau : AUBESPINE (*Orient*), BARNAUD (*Orient*), JEAN (*Orient*), RICARD (*Orient*), ABRAHAN (*Orient*), BREMONT (*Orient*), RICOUR (*Orient*), EYNAUD (*Spartiate*), TANQUERAY (*Aquilon*), AMATRIC (*Conquérant*), BEAUSSIER (*Timoléon*), FABRE (*Heureux*), PRIOLIS (*Généreux*), BLANC (*Mercure*), MONTAGNE (*Mercure*), MARCELLIN (*Mercure*), LELONG (*Mercure*).

Aspirants de marine : BARCELLON (*Orient*), FAVIN (*Spartiate*), ROUSTAN (*Spartiate*), DUGAS (*Spartiate*), LEMENAGER (*Aquilon*), MURE (*Conquérant*), CARRÈRE (*Conquérant*), BONVOULOIR (*Franklin*), ROUVIÈRE (*Timoléon*), GAY (*Mercure*), LEBÈGUE (*Tonnant*).

Commissaires : JOUBERT, ordonnateur de l'armée (*Orient*) ; PEYRET, sous-commissaire d'escadre (*Orient*).

Médecin : REYNIER, chirurgien auxiliaire (*Orient*).

---

1. Armements de Toulon : Pour les états-majors complets et la maistrance, consulter la *Revue maritime*.

Officiers de troupe [1] : CUVILLÉ, chef de batterie d'artillerie
(*Orient*); MARCERON, capitaine d'infanterie (*Spartiate*); SUZE,
capitaine d'artillerie, 7ᵉ demi-brigade (*P. Souverain*); FRAI-
CHOT, capitaine (*Tonnant*); CHANTEREAU, capitaine, 21ᵉ demi-
brigade (*Franklin*); CHANGARNIER, capitaine, 6ᵉ demi-brigade
(*Timoléon*); BENNET, capitaine, 7ᵉ demi-brigade, artillerie de
marine (*Mercure*); BAS, lieutenant d'infanterie, 7ᵉ demi-brigade (*P. Souverain*); ROUQUEIROL, sous-lieutenant, 7ᵉ demi-
brigade (*Aquilon*).

NOTA. — Cette liste est incomplète, les rôles pour beaucoup de
bâtiments, et notamment le *Tonnant*, n'ayant pas été tenus au courant.
Cette liste donne donc seulement un minimum des pertes.

BLESSÉS

Contre-amiral : BLANQUET DU CHAYLA (*Franklin*).

Chefs de division : ÉMERIAU (*Spartiate*), ÉTIENNE (*Heureux*).

Capitaines de vaisseau : RACCORD (*P. Souverain*), DALBARADE
(*Conquérant*), GILLET (*Franklin*).

Capitaine de frégate : CONFOULEN (*Aquilon*).

Lieutenants de vaisseau : LAFOND (*Spartiate*), JOYE (*P. Souverain*), VIVARÈS (*Franklin*), FALOU (*Franklin*), FABRE (*Franklin*), DELACROSSE (*Heureux*), CHARABOT (*Heureux*).

Enseignes de vaisseau : G. ROUSTAN (*Spartiate*), D. ROUSTAN
(*Spartiate*), HERMIEU (*Spartiate*), CARPNAC (*Aquilon*), GON-
VAS (*Aquilon*), BEAUSSIER (*Conquérant*), COLOMB (*Conqué-
rant*), BRIFFAUD (*Heureux*), CASTAGNIER (*Heureux*), FAGEA-
NELLI (*Mercure*).

Aspirants de marine : GARCIN (*Spartiate*), CARON (*P. Souverain*),

---

1. Bien que j'aie eu, dans ce travail, l'intention de ne parler que des officiers de marine, je ne me suis pas cru le droit de séparer d'eux leurs braves
camarades de l'armée, tombés en marins à bord de nos bâtiments de guerre.

DURANTY (*P. Souverain*), BLANCHET (*P. Souverain*), MESSONNIER (*Aquilon*), MARTIN (*Aquilon*), PAUL (*Franklin*), PÉCAUD (*Heureux*), LECERF (*Heureux*), RANCER (*Heureux*), AZAN (*Mercure*).

Officiers de troupe : RIGOULET, capitaine d'infanterie (*Conquérant*); AVA, capitaine à la 6ᵉ demi-brigade (*Franklin*); LE CLERC, capitaine d'artillerie (*Heureux*); LASSALLE, capitaine à la 13ᵉ demi-brigade (*Mercure*); MARTIN, lieutenant d'artillerie (*Orient*); PEYROT, lieutenant à la 6ᵉ demi-brigade, artillerie de marine (*Aquilon*); ROUSSEL, lieutenant d'infanterie (*Conquérant*); BENOIT, lieutenant, artillerie de marine (*Franklin*); PECAUT, lieutenant, 7ᵉ demi-brigade, artillerie (*Heureux*); DEVEAUX, sous-lieutenant (*Aquilon*); BOREL, sous-lieutenant (*Guerrier*).

Commissaire : GULETTI (*P. Souverain*).

Médecin : BARATTE (*Aquilon*).

APPENDICE XIV

OFFICIERS MORTS A TRAFALGAR
21 OCTOBRE 1805 [1]

Capitaines de frégate : TEMPIÉ (*Aigle*), GUGUEZ (*Argonaute*), GUICHARD (*Berwick*), ESMAUGARD (*Indomptable*).

Lieutenants de vaisseau : AIGUIER (*Bucentaure*), BRIAMANT (*Redoutable*), POULOUIN (*Redoutable*), BOULET (*Intrépide*), POUPLAIN (*Intrépide*), VERDREAU (*Algésiras*), PIGEON (*Fougueux*), LERÉVÉREND (*Fougueux*), FABRE (*Suiftsure*), MONTALEMBERT (*Achille*), VIENET (*Indomptable*), ROGERIE (*Indomptable*), ALLIEZ (*Indomptable*).

Enseignes de vaisseau : DUPONT (*Bucentaure*), KERBUSSO (*Algésiras*), LACHENAIS (*Fougueux*), GANCE (*Fougueux*), BAUDOUIN (*Aigle*), TOURNOIS (*Argonaute*), ARSLET (*Achille*), JOUAN (*Achille*), CANDOU (*Indomptable*), SAINT-JAMES (*Indomptable*), ROUX LA MAZELIÈRES (*Indomptable*), BERROYER (*Indomptable*), ROSSEL (*Indomptable*), BASTELICA (*Indomptable*).

Médecins : BOUROF, officier de santé de 3ᵉ classe ; MARTINI, officier de santé de 1ʳᵉ classe (*Indomptable*).

Commissaire : FABRE, agent-comptable (*Indomptable*).

Aspirants de marine : CAT (*Bucentaure*), LAFERRIÈRE (*Redoutable*), LEPELTIER (*Redoutable*), YON (*Redoutable*), DAUBRÉ (*Redoutable*), PERRIN (*Redoutable*), LECŒNTRE (*Redoutable*),

---

1. Pour la liste des états-majors et celle des blessés, voir *Guerres maritimes*, de l'amiral J. de la Gravière. Tome II.

Ravaison (*Algésiras*), Pauhaer (*Fougueux*), Lepoitevin (*Fougueux*), Abraham (*Pluton*), Serainchamps (*Aigle*), Michel (*Aigle*), Couan (*Suiftsure*), Launoy (*Argonaute*), Dubodan (*Argonaute*), Jeannot (*Berwick*), Gois (*Indomptable*), Banon (*Indomptable*), Pontevès (*Indomptable*), Barrel (*Indomptable*), Gayet (*Indomptable*), Grisard (*Indomptable*), Besson (*Indomptable*), Laferrière Rossel (*Indomptable*).

Officiers de troupe : Lahaye, commandant au 4ᵉ d'artillerie (*Algésiras*); Rollin, capitaine de grenadiers (*Indomptable*); Chalange, capitaine au 16ᵉ régiment (*Redoutable*); Carrier capitaine au 2ᵉ de ligne (*Indomptable*); Favreaux, capitaine au 2ᵉ régiment d'artillerie de marine (*Indomptable*); Amoche, capitaine au 6ᵉ dépôt colonial (*Redoutable*); Lanussol, lieutenant au 2ᵉ d'artillerie (*Neptune*); Tresse, lieutenant d'artillerie de marine (*Redoutable*); Neury, lieutenant au 6ᵉ dépôt colonial (*Redoutable*); Last, lieutenant de chasseurs (*Indomptable*); Lassus, lieutenant au 2ᵉ régiment d'artillerie de marine (*Indomptable*); Medeau, sous-lieutenant, au 79ᵉ régiment (*Redoutable*); Savignac, sous-lieutenant au 16ᵉ régiment (*Redoutable*); Gippon, sous-lieutenant (*Indomptable*).

Nota. — Comme pour Aboukir, cette liste ne doit pas être très complète. Mais les pertes qui n'ont pu être relevées par l'amiral J. de la Gravière sont celles des navires ayant pris seulement une faible part à la bataille.

PERTES DE LA DIVISION DUMANOIR
AU COMBAT DU 5 NOVEMBRE [1]

Tués : Murat, Marquisan, aspirants de marine.

Blessés : Dumanoir Lepelley, contre-amiral : balle dans la jambe

[1]. Les Anglais, dans leurs rapports, écrivirent en parlant des officiers français : « Fought to admiration and not surrending till their ships were unmanageable. »

droite, coup d'éclat au côté gauche et à la poitrine, forte contusion à la jambe avec entorse au pied; LETELLIER, capitaine
de vaisseau : blessé à la jambe; BERRENGER, capitaine de vaisseau : blessé; BOIMARD, capitaine de frégate : balle dans le
genou; GARD, lieutenant de vaisseau, aide de camp de l'amiral :
blessé à la jambe gauche; LAVENUE, lieutenant de vaisseau :
blessé grièvement; GUILLET, lieutenant de vaisseau : les deux
joues traversées par une balle; COSSÉ, lieutenant de vaisseau :
blessé grièvement; TOCVILLE, lieutenant de vaisseau : blessé
grièvement; OLLIVIER, enseigne de vaisseau, aide de camp de
l'amiral : blessé aux deux jambes, distension considérable des
ligaments d'articulation; SAINT, capitaine d'infanterie : blessé
à la jambe gauche; BEHAGNON, sous-lieutenant : blessé à la
figure et au côté; ESTELLE, aspirant de marine : blessé à la
tête; GOURDAN, aspirant de marine : blessé à la jambe; BOCQ,
aspirant de marine : blessé à la figure; DALEN, aspirant de
marine : blessé.

APPENDICE XV

Siège de Sébastopol.

Bon de Lignim, lieutenant de vaisseau, tué le 28 avril 1854.

Contenson, lieutenant de vaisseau, tué le 21 avril 1854.

Boch [1], lieutenant de vaisseau, tué le 26 avril 1854.

Sommeiller, lieutenant de vaisseau, tué à bord de la *Ville-de-Paris*, le 17 octobre 1854.

Girard, lieutenant de vaisseau, tué le 6 septembre 1855.

Liotard, aspirant de marine, tué le 17 octobre 1854.

De Labourdonnaie, aspirant de marine, tué le 17 octobre 1854.

Desserey, aspirant de marine auxiliaire, tué le 14 juillet 1855.

Pichon, capitaine de frégate, blessé le 20 octobre 1854 ; contusion à l'épaule.

Martel, lieutenant de vaisseau, blessé le 16 octobre 1854 ; plaie contuse à la jambe droite avec lésion du tibia.

---

1. Cet officier, blessé mortellement par un éclat d'obus, fit réunir, avant de mourir, autour de lui, les marins de sa batterie et, dans un discours d'une simplicité pleine de grandeur, leur montrant combien cela était peu de chose de mourir, les encouragea à faire leur devoir jusqu'au bout.

DUPLESSIS, lieutenant de vaisseau, blessé le 20 octobre 1854 ; fortes contusions au pied droit.

Idem, lieutenant de vaisseau, blessé le 2 mai 1855 ; contusion au bras gauche.

LÉVÊQUE, lieutenant de vaisseau, blessé le 20 octobre 1854 ; plaies aux paupières.

AMET, lieutenant de vaisseau, blessé le 22 octobre 1855 ; plaie contuse à l'épaule.

BIANCHI, lieutenant de vaisseau, blessé le 19 octobre 1854 ; forte contusion au bras.

DE TERSON, lieutenant de vaisseau, blessé le 9 août 1855 ; plaie au bras droit par éclat d'obus.

RALLIER, lieutenant de vaisseau, blessé le 3 mai 1855 ; plaie contuse au poignet gauche.

LE BRETON DE RAUZEGAT, lieutenant de vaisseau, blessé le 17 juin 1855 ; forte contusion à la cuisse par un éclat d'obus.

BONNARD, lieutenant de vaisseau, blessé le 17 juin 1855 ; forte contusion à la poitrine par éclat d'obus.

GUYON, enseigne de vaisseau, blessé le 20 octobre 1854 ; plaie contuse à la jambe.

DE MONTILLE, enseigne de vaisseau, blessé le 9 août 1855 ; plaie à l'avant-bras gauche.

DU PETIT-THOUARS, enseigne de vaisseau, blessé le 12 août 1854 ; plaie contuse dans le dos.

Idem, enseigne de vaisseau, blessé le 7 juin 1855 ; blessures graves aux yeux et à la figure.

MICHAUD, enseigne de vaisseau, blessé le 13 août 1855 ; plaie contuse au sourcil droit.

DE NERCIAT, enseigne de vaisseau, blessé le 28 avril 1855 ; plaie contuse à la tête par une balle.

GOUGEARD, enseigne de vaisseau, blessé le 28 août 1855 ; contusions aux jambes par un boulet.

CONTESSOUZE, enseigne de vaisseau, blessé le 5 novembre 1854 ; contusion à la cuisse par un éclat.

CONTESSOUZE, enseigne de vaisseau, blessé le 22 août 1855; blessure grave au pied par un éclat de bombe.

DE VARENNE, enseigne de vaisseau, blessé le 26 mai 1855; légère blessure au visage.

MELIZAN, enseigne de vaisseau, blessé le 23 mai 1855; très légère blessure.

JEHENNE, enseigne de vaisseau, blessé le 5 septembre 1855; fracture de l'omoplate par un boulet.

Idem, enseigne de vaisseau, blessé le 5 septembre 1855; éclat de pierre dans l'œil.

DE CUVERVILLE, aspirant, blessé le 16 octobre 1854; blessé gravement à la fesse droite.

MICHEL, aspirant, blessé le 17 octobre 1854; amputation de la cuisse.

DE LIBRAN, aspirant, blessé le 13 octobre 1854; contusion à la poitrine.

Idem, aspirant, blessé le 19 octobre 1854; plaie contuse à la tête.

Idem, aspirant, blessé le 20 février 1855; plaie de balle à l'avant-bras droit.

BASSET, aspirant, blessé le 9 août 1855; plaie de balle dans le cou.

DE SAINT-ROMAND, aspirant auxiliaire, blessé le 18 avril 1855; plaie contuse à la jambe, à la main et au bras droit.

BONNET, aspirant, blessé le 18 avril 1855; désarticulation du bras.

MARTINSSEN, aspirant, blessé le 20 août 1855; légère blessure à la figure.

OFFICIERS TUÉS ET BLESSÉS
A L'AFFAIRE DE PETROPAULOWSKI (KAMTSCHATKA)
4 SEPTEMBRE 1854[1]

LEFÈVRE, lieutenant de vaisseau, aide de camp du capitaine de vaisseau ; DE LA GRANDIÈRE, commandant supérieur du corps de débarquement (tué) ; BOURASSET, lieutenant de vaisseau (tué) ; GICQUEL DES TOUCHES, aspirant de 1re classe (tué).

DE LACOMBE, lieutenant de vaisseau (blessé grièvement) ; GICQUEL DES TOUCHES, enseigne (blessé très grièvement à la tête) ; COSTE, aspirant (blessé très grièvement au visage et aux mains) ; LAYRLE, aspirant ; GUÉRIN-MENNEVILLE, médecin de 2e classe (blessés).

---

1. Dans cette malheureuse affaire nous eûmes 200 hommes mis hors de combat sur 700.

M. Bourasset souffrait cruellement des jambes quand arriva l'ordre de se préparer à opérer un débarquement. Malgré ses souffrances, il demanda et obtint de commander une chaloupe.

APPENDICE XVI

OFFICIERS DE MARINE TUÉS ET BLESSÉS
PENDANT LA GUERRE 1870-1871

Siège de Paris

Tués : Despretz, capitaine de frégate (tué dans une reconnaissance sur Choisy, 30 novembre 1870) ; Kiésel, capitaine de
frégate (blessé mortellement au fort de Montrouge, 16 janvier 1871)[1] ; Peltereau, lieutenant de vaisseau (tué avec

---

1. La défense du fort de Montrouge et l'attaque du Bourget sont, pour
les marins, les deux épisodes les plus glorieux de la défense de Paris. Attaqué le 5 janvier, le fort de Montrouge, commandé par le capitaine de vaisseau Amet, résista victorieusement jusqu'au 27, date à laquelle il reçut, du
gouverneur de Paris, l'ordre de se rendre. Il sera peut-être intéressant de
lire un document éloquent : la dépense journalière de munitions de ce fort,
qui, vrai monceau de ruines quand il fut évacué, causa l'admiration des
ennemis eux-mêmes. Le fort de Montrouge tira :

Le 5 janv. : 574 obus.			Le 16 janv. : 530 obus et 86 —
— 6 —	620 —		— 17 — 511 — et 39 bombes.
— 7 —	262 —		— 18 — 364 — et 16 —
— 8 —	391 —	et 10 bombes.	— 19 — 362 —
— 9 —		10 bombes.	— 20 — 87 — et 7 bombes.
— 10 —	99 obus.		— 21 — 187 — et 23 —
— 11 —	286 —		— 22 — 286 — et 38 —
— 12 —	139 —		— 23 — 225 — et 45 —
— 13 —	137 —		— 25 — 84 — et 14 —
— 15 —	476 —	et 29 bombes.	— 26 — 65 — et 17 —

Total : 5,685 obus et 334 bombes.

Rien que pendant les deux premiers jours du siège, les Allemands lan-
cèrent sur le fort plus de 1,000 obus.

Récapitulation des pertes : 2 capitaines de frégate, 2 lieutenants de vais-

presque tous les marins de sa compagnie à l'attaque du Bourget, 21 décembre 1870)[1] ; MORAND, LABORDE, BOUISSET[2], PATIN, lieutenants de vaisseau (tués à l'attaque du Bourget, 21 décembre 1870) ; ARDISSON, lieutenant de vaisseau (blessé mortellement le 27 décembre 1870) ; CARVÈS, lieutenant de vaisseau (blessé mortellement au fort de Montrouge, 10 janvier 1871) ; SAISSET, lieutenant de vaisseau (tué au fort de Montrouge, le 16 janvier 1871) ; LAMBERT, lieutenant de vaisseau (tué à Montretout, 19 janvier 1871) ; VERSCHNEIDER[3], enseigne de vaisseau (tué le 2 décembre 1870 à Brie-sur-Marne) ; DUQUESNE, WYTS, enseignes de vaisseau (tués à l'attaque du Bourget) ; ARNAUD, enseigne de vaisseau (blessé mortellement à la redoute de La Boissière, 12 janvier 1871) ; FOILLARD, enseigne de vaisseau (tué à Montretout, 19 janvier 1871) ; PÉRODEAUD, enseigne de vaisseau commandant la batterie des Hautes-Bruyères (tué le 19 janvier 1871) ; DE KERMADEC, enseigne de vaisseau (tué à bord de la *Claymore,* le 25 mai 1871).

Blessés : MASSIOU, capitaine de frégate (blessé très grièvement à la jambe dans une reconnaissance sur la route de Bondy, 30 novembre 1870) ; RIEUNIER, capitaine de frégate (blessé à l'attaque d'Avron, 30 novembre 1870) ; VIDAL, capitaine de frégate (grièvement blessé au fort de Montrouge le 19 janvier

---

seau et 18 hommes tués ; 1 capitaine de frégate, 6 officiers et 102 hommes blessés.

Après l'attaque du 13 au 16 janvier, pendant laquelle 6 officiers furent mis hors de combat, on dut envoyer de Bicêtre et d'Ivry les lieutenants de vaisseau Gigon, Tes ard, D. des Essards et l'enseigne Servan pour combler les vides.

1. A l'attaque du Bourget, sur 15 officiers et 689 marins engagés, 7 officiers furent tués, 1 blessé et 254 hommes tués. Dans la compagnie Peltereau 6 hommes seulement restèrent debout.

2. Aide de camp du commandant Lamothe-Thenet.

3. Officier d'ordonnance du vice-amiral de la Roncière le Nouy.

1871); LENÉVU[1], lieutenant de vaisseau (blessé le 22 décembre 1870); LABARTHE, lieutenant de vaisseau (blessé le 27 décembre 1870); TOUBOULIC, lieutenant de vaisseau (blessé au bombardement du plateau d'Avron, 27 décembre 1870); BROWN DE COLSTOUN, lieutenant de vaisseau (blessé aux reins le.....); BERLINAN, lieutenant de vaisseau (blessé dans le fort de Nogent, 29 décembre 1870); BROUSSET, lieutenant de vaisseau (blessé au fort de Montrouge, le 13 janvier 1871, blessé de nouveau grièvement, au cou, le 15 janvier)[2]; SANTELLI, lieutenant de vaisseau (blessé au fort de Montrouge, le 13 janvier, puis[3] de nouveau le 16 janvier); FOURNIER, lieutenant de vaisseau commandant les wagons blindés, blessé sur la ligne de Saint-Germain, le 19 janvier 1871); DORLODOT DES ESSARTS, BELLANGER, lieutenants de vaisseau (blessés à Montrouge, le 19 janvier 1871); GLON-VILLENEUVE, lieutenant de vaisseau (blessé très grièvement au fort de la Brèche, le 25 janvier 1871)[4]; CAILLARD, enseigne de vaisseau (blessé grièvement à l'attaque du Bourget, 21 décembre 1870); LARTURIÈRE, GELLY, DE CARNÉ-MARCEIN, D'INFREVILLE, FEVREAU, enseignes de vaisseau (blessés au bombardement du 27 décembre 1870); DELACOUR, enseigne de vaisseau (blessé le 13 janvier 1871)[5]; LORO, médecin de 2e classe (blessé au fort de Montrouge, le 8 janvier 1871); MICHAUD, LACOMBE, LAYRLE, capitaines de vaisseau; B. DE BRÉTIZEL, SALATS, BOURBONNE, LE BRAS, DORLODOT DES ESSARTS, SALLES DE BANIÈRES, lieutenants de vaisseau; DE BOURMONT, CARRÉ, MORILLOT (blessés pendant le siège).

---

1. Aide de camp du capitaine de vaisseau Salmon.

2. Ce brave officier fut décoré et félicité par le gouverneur de Paris.

3. Malgré sa seconde blessure, cet officier ne voulut pas abandonner son poste.

4. M. Glon-Villeneuve avait déjà été blessé à l'attaque du village d'Épinay le 30 novembre 1870.

5. Reconnaissance commandée par le lieutenant de vaisseau Gervais qui s'était déjà distingué dans le coup de main du 9 sur le moulin de Pierre.

Armées de province

Tués : COLLET, capitaine de frégate, tué à Fréteval (15 décembre 1870) ; MEUSNIER, lieutenant de vaisseau, tué à Dury (27 novembre 1870) ; BERTRAND, lieutenant de vaisseau, au 2ᵉ bataillon de marche, blessé mortellement le 27 novembre ; PARRAYON, GRANGER, lieutenants de vaisseau, tués à Bapeaume ; DENANS, lieutenant de vaisseau, tué à Fréteval ; CLUTE, lieutenant de vaisseau, mort de ses blessures le 25 février ; RAOUL, enseigne de vaisseau, tué à l'armée de la Loire ; BECK, enseigne de vaisseau, mort de ses blessures le 29 mai ; GOUSSELIN, lieutenant de vaisseau, tué aux Moulineaux, le 26 avril 1871 ; FOLLIN, lieutenant de vaisseau, tué à Clamart, le 5 mai 1871 ; JACQUOT, lieutenant de vaisseau, mort des blessures reçues à Paris ; G. E. MARTIN, lieutenant de vaisseau, mort des blessures reçues au pont de Gennes, le 18 janvier 1871 ; DE BOYSSON, tué à Fréteval, le 15 décembre 1870.

Officiers morts de maladies pendant la campagne : BORGOGNO, lieutenant de vaisseau (lignes de Carentan) ; HURÉ LA CHAPELLE, enseigne de vaisseau ; SAACKÉ, aspirant de 1ʳᵉ classe (morts à l'armée du Nord).

Blessés : DE GUILHERMY, capitaine de vaisseau ; T. DU COSQUER, LIBOUR, capitaines de frégate ; BAUER, PUJO, THOMAZI, BÉNIER, MAGOUËT DE LA MAGOUËRIE, LOT, DE B. R. DU CHAISNE D'ARBAUD, LESÈBLE, GROS-DESVAUD, DANIEL, lieutenants de vaisseau ; FÉLIX, DE KERTANGUY, JACQUEMIN, DEBAR, LACOURNÉ, BERNAY, CHESNIER, enseignes de vaisseau.

APPENDICE XVII[1]

OFFICIERS MORTS A L'ENNEMI DEPUIS 1817, DONT LES NOMS NE SE TROUVENT PAS AUX APPENDICES PRÉCÉDENTS

SIMÉON, enseigne de vaisseau, noyé dans le naufrage de la *Caravane,* le 22 octobre 1817.

MÉSIER, lieutenant de vaisseau; DUPRAT-TAXIS, enseigne de vaisseau; MARMET, commis de marine; DE MAGNY, sous-lieutenant: noyés, ainsi que 130 à 140 soldats et marins, dans le naufrage de la frégate *la Cornaline,* entre les Berlingues et le cap La Roque, le 25 février 1823.

LEMPEREUR, enseigne de vaisseau, noyé dans le naufrage de la goélette *la Levrette,* sur les roches de Minorque, dans la nuit du 6 mars 1823.

SIMIAN, enseigne de vaisseau; DUSSEUIL, élève de 1re classe, tués au combat de Navarin, le 20 octobre 1827.

---

1. Il existe, à l'École navale, une liste d'officiers morts à l'ennemi, depuis 1850 environ. Malheureusement cette liste, qui ne porte ni le grade ni la date de la mort des officiers qui y sont inscrits, ne donne que la date d'entrée à l'École de chacun d'eux. J'y ai d'ailleurs relevé plusieurs erreurs telles que les noms d'officiers morts en pleine paix et depuis 1870. N'ayant pu trouver dans les archives du ministère ou des ports, aucun renseignement de mort violente, concernant les officiers dont les noms suivent, je les cite ici pour mémoire, en accolant à chacun d'eux leur date d'entrée à l'École navale. Ce sont : MM. d'Enclausse (1828), Bisson (1831), de Monoty (1832), Oudan (1833), de La Gillardaie (1834), Roussel-Bonneterre (1835), de Meynard (1836), Lallement (1837), Gaillard (1846), de Vaulgrenant (1854), de La Frégeolière (1864).

BARGIGNAC, CASSIUS, élèves de marine, tués dans un engagement avec les Bédouins, le 17 juin 1829 [1].

DELORME, RAYNAL, HARDISSON, enseignes de vaisseau ; DE CHABROL, SERGENT, aspirants de marine ; ÉTIENNE, SENÈS, chirurgiens ; LAVAUD, agent comptable, faits prisonniers et massacrés par les Arabes, après le naufrage 'des bricks *Aventure* et *Silène*, jetés sur la côte d'Algérie dans la nuit du 15 mai 1830 [2].

LAURENT, BOIXIO DE CUCHOUX, DUPELOUP, aspirants de 2ᵉ classe, noyés dans la chaloupe de l'*Algésiras*, le 9 août 1831 [3].

PALEGRUY, élève de marine, noyé ainsi que 9 hommes dans une embarcation de l'*Actéon*, en décembre 1832.

DE RAIME, CHAPTAL, aspirants de marine, tués devant Saint-Jean d'Ulloa, le 27 novembre 1838 [4].

---

1. Les embarcations des frégates *l'Iphigénie* et *la Duchesse-de-Berry* ayant été armées en guerre pour s'emparer d'un corsaire algérien réfugié dans une anse de la côte, l'un des canots fut roulé par les vagues et brisé contre les rochers. De nombreux Bédouins étant accourus pour s'emparer des hommes tombés à la mer, un vif engagement s'ensuivit. Les hommes purent être recueillis. Mais, en plus des officiers cités plus haut, plusieurs marins furent tués ou blessés et, parmi ces derniers, l'enseigne de vaisseau de Sercey et l'élève de marine de Trédern.

2. Les bricks *Aventure* et *Silène*, commandés par les lieutenants de vaisseau d'Assigny et Bruat, étaient chargés de la surveillance de la côte d'Algérie au moment de l'expédition d'Alger. Après leur naufrage, les états-majors et les équipages furent emmenés en captivité, et une partie d'entre eux furent jetés dans les prisons d'Alger. Ils furent délivrés lors de l'entrée des Français dans cette ville. En plus des officiers cités plus haut, 98 matelots avaient été massacrés par les Arabes.

3. Cette chaloupe avait été mise à l'eau pour sauver un homme tombé à la mer. Tout son armement fut englouti. On raconte le beau trait de dévouement suivant, d'un premier maître de manœuvre. Cet officier marinier (vétéran des guerres de l'empire et décoré), était parvenu à saisir une manœuvre qu'on lui avait jetée et allait être sauvé, quand, s'apercevant que les aspirants avaient disparu, il se laissa retomber à la mer en s'écriant : « Je vais les chercher ! » et ne reparut plus.

4. En plus de ces officiers, furent blessés grièvement : MM. Henri, enseigne (la cuisse emportée par le même boulet qui tua de Raime); de Miniac, lieutenant de vaisseau, bras cassé (amputé); Magnier de Maisonneuve, Ger-

D'Origny, élève de marine, noyé sur la côte de Sumatra, son canot ayant chaviré dans une barre, au retour d'une expédition contre les indigènes, en 1839.

Redon de Beaupreau, élève de marine, tué à l'attaque de la Rivière du Sauce (blocus de Buenos-Ayres), le 20 juin 1839.

Dragorn, lieutenant de vaisseau ; Karche, enseigne de vaisseau ; Gaudet, aspirant de marine ; Poinié, chirurgien-major ; Rue, commis d'administration, noyés dans le naufrage de la *Marne,* le 25 janvier 1841 [1].

Laffon de Ladébat, lieutenant de vaisseau, tué dans une rencontre avec les indigènes des îles Marquises, le 18 septembre 1842.

Poret, élève de marine, tué à Taïti, le 29 juin 1844.

Michaud, Hello, enseignes de vaisseau, tués au combat d'Obligado, le 20 novembre 1845 [2].

Bertho, enseigne de vaisseau, tué à la prise de Tamatave, le 14 juin 1845 [3].

Perrotte, aspirant de marine, tué à Taïti en mai 1846 [4].

Devarenne, enseigne de vaisseau ; Saint-Phalle, aspirant de 2ᵉ classe, massacrés par les sauvages de la Nouvelle-Calédonie, le 1ᵉʳ décembre 1831, pendant un voyage d'exploration.

---

vais, Halna du Fretay, aspirants (ce dernier reçut une balle dans chaque bras) Furent blessés légèrement : Goubin, lieutenant de vaisseau, commandant le *Phaéton ;* Morel, lieutenant de vaisseau ; Mallet, enseigne.

1. Échappèrent seuls : le capitaine de corvette Gatier (qui fut grièvement blessé) ; Nougarède, enseigne ; Machereau, chirurgien de 3ᵉ classe. 4 maitres et 44 marins furent noyés.

2. A cette même affaire furent blessés : Vidal de Verneix, Simonneau, enseignes de vaisseau ; Daviel, Tailhades, de Possel-Deydier, Pratabuy, élèves de marine.

3. Dans ce combat furent blessés : MM. Fiéreck, lieutenant de vaisseau ; de Grainville, Bidot et Le Bris-Durumain, aspirants.

4. Furent blessés le même jour : Malmanche, lieutenant de vaisseau ; Lejeune, enseigne de vaisseau.

BELLOT, lieutenant de vaisseau, disparu pendant une expédition au Pôle nord (recherche de lord Franklin) en 1853.

DURUN, lieutenant de vaisseau; PETIT, DISCRY, enseignes de vaisseau, tués à l'attaque de Shanghaï, le 6 janvier 1855 [1].

POCQUET, lieutenant de vaisseau; VERCOT, BIDEAUX, enseignes de vaisseau; BARATIER, aspirant; CHEF D'HÔTEL DE BEAULIEU, commissaire adjoint, tués à l'attaque des forts du Peï-Ho, le 30 avril 1858 [2].

DULCIS, enseigne de vaisseau, tué par l'explosion de la chaudière du *Rolland,* le 23 septembre 1858.

JOUHANEAU, enseigne de vaisseau; FROISSARD, commis de marine, tués à l'attaque des lignes de Ki-Hoa, le 25 février 1861.

BARY, aspirant de 1re classe, blessé mortellement à l'attaque des forts de Peï-Ho, le 25 juin 1861.

DE BESPLAS, lieutenant de vaisseau, noyé dans la chaloupe de la *Couronne,* le 1er décembre 1863 [3].

BREST, enseigne de vaisseau, tué au combat de San-Pedro (Mexique), le 22 décembre 1864 [4].

---

1. En 1854, un matelot de la *Jeanne-d'Arc* ayant été tué par les rebelles chinois, le contre-amiral Laguerre, commandant la station de Chine, résolut de tirer vengeance de cet assassinat. Une colonne de 250 marins donna l'assaut aux murs de Shanghaï. La brèche fut ouverte et, après un vif combat de quatre heures, les marins de la *Jeanne-d'Arc* et du *Colbert* enclouèrent de nombreux canons, incendièrent plusieurs pâtés de maisons et se retirèrent après avoir tué 300 Chinois. Le lieutenant de vaisseau Macaire, les enseignes Guys et de Barbarin avaient été blessés.

2. A cette même attaque, l'enseigne Regnault fut grièvement blessé par une balle qui lui traversa les deux joues.

3. Cette embarcation avait été envoyée au secours d'un sloop, *l'Argus,* en perdition sur l'Ile Pelée (à Cherbourg) par un violent coup de vent. Le sloop put être dégagé et pris à la remorque par un bâtiment à vapeur. Malheureusement, un grain d'une extrême violence survint qui empêcha la chaloupe de prendre la remorque et la força à fuir vent arrière par une mer très grosse qui la fit chavirer. M. de Besplas, le second maître Gicquel et 34 hommes sur 36 furent noyés. (*Moniteur de la flotte* du 10 décembre 1863.)

4. Un Mexicain, ancien domestique du fournisseur français, offrit à

DELAFRAYE, lieutenant de vaisseau, commandant la compagnie de débarquement de la *Vénus,* tué en coopérant à la défense de Mazatlan (Mexique), 12 novembre 1866.

SUQUET, lieutenant de vaisseau, tué au Mexique, en 1866.

GUILLON, aspirant de marine, massacré par les Japonais dans la chaloupe à vapeur du *Dupleix,* le 8 mars 1868 [1].

RIBES, PATUREL, D'ANNOVILLE, PAUL, TOIR, lieutenants de vaisseau, noyés dans le naufrage de la batterie flottante cuirassée *l'Arrogante,* dans la rade des Salins d'Hyères, le 19 mars 1879 [2].

LÉONEC, aspirant de marine, blessé mortellement à l'attaque de Sfax, 1881.

MOULUN, aspirant de marine, tué à l'affaire du Pont-de-Papier (Tonkin), 1883 [3].

M. Brest, au moment où les Français étaient cernés, de le conduire à cheval par un sentier à lui connu, et de le sauver. M. Brest refusa d'abandonner ses camarades.

1. Tout l'armement de la chaloupe fut tué ou blessé, à l'exception du deuxième maître mécanicien Durel qui parvint à ranimer quelques-uns de ses camarades et à ramener l'embarcation. Le 16 mars, devant M. du Petit-Thouars, commandant le *Dupleix,* le gouvernement japonais fit procéder à l'exécution de 2 officiers, un sous-officier et 17 soldats japonais convaincus d'être les auteurs du massacre. Quand le chiffre des exécutions eut atteint le total de onze (nombre des marins assassinés), M. du Petit-Thouars fit arrêter l'œuvre de justice. Celle-ci avait eu lieu dans une pagode, en présence de 500 Japonais, de 20 marins de la *Vénus* et du *Dupleix,* de trois officiers et du secrétaire du ministre de France. Les condamnés s'ouvrirent le ventre et eurent la tête tranchée.

2. Cette batterie flottante, annexe du vaisseau canonnier *le Souverain,* était au mouillage quand elle fut assaillie par un violent coup de vent. Peu élevée sur l'eau, elle ne tarda pas à recevoir des coups de mer qui commencèrent à la remplir. L'officier le plus ancien essaya d'échouer le bâtiment sur la côte pour éviter de le voir sombrer par des grands fonds. Malheureusement, la faible machine de *l'Arrogante* ne lui permit pas de manœuvrer d'une façon convenable. Prise en travers par une mer énorme, elle remplit en quelques instants et coula à pic. 40 hommes environ, sur un équipage de 130 marins, partagèrent le sort de tout l'état-major.

3. Voir aux capitaines de vaisseau : H. Rivière.

BOUËT-WILLAUMEZ, lieutenant de vaisseau, blessé mortellement pendant la descente de la rivière Min (27 août 1884)[1].

FONTAINE, lieutenant de vaisseau, commandant la compagnie de débarquement du *La Galissonnière* ; DEHORTER, lieutenant de vaisseau, commandant la compagnie de débarquement de la *Triomphante,* tués à l'affaire de Tamsui le 6 octobre 1884[2].

POZZO DI BORGO, médecin de 2ᵉ classe, noyé (ainsi que 14 hommes) dans le naufrage de l'*Oise,* à Madagascar, le 25 février 1885.

DENOTTE, enseigne de vaisseau, tué à Hua-Hine (Iles de la Société), mars 1888.

AUBE, enseigne de vaisseau, tué par les Touaregs, près de Tombouctou, le 28 décembre 1893[3].

GUIFFART, ERNULT-LANOË, enseignes de vaisseau, noyés dans le naufrage du *La Bourdonnais,* à Sainte-Marie-de-Madagascar, en février 1893[4].

PERROT, enseigne de vaisseau, noyé pendant une mission en Afrique, 1899.

KOUN, GOURLAOUEN, enseignes de vaisseau, massacrés par les Chinois près de Kouang-Tchéou, le 12 novembre 1899.

---

1. A Fou-Tchéou, les lieutenants de vaisseau Ravel, aide de camp de l'amiral Courbet, et Latour, commandant le torpilleur 45, avaient été blessés.

2. M. Fontaine, grièvement blessé, fut massacré ainsi que deux hommes qui le portaient. M. Dehorter mourut de ses blessures, à Saïgon. L'enseigne Deman, les aspirants Rolland et Diacre, furent blessés.

3. L'enseigne Aube était le second du lieutenant de vaisseau Boiteux, qui, on le sait, bien qu'il ne disposât que d'une poignée d'hommes, fut le premier officier français qui pénétra dans Tombouctou.

4. Vingt hommes périrent, en plus, dans ce naufrage.

APPENDICE XVIII

ÉTATS-MAJORS DES NAVIRES DISPARUS CORPS ET BIENS DEPUIS 1815[1]

Aviso « le Serein »

Perdu corps et biens en allant au Sénégal, le 16 octobre 1817[1].

CHAIR (Charles), lieutenant de vaisseau, commandant ; FARGENEL (Victor), enseigne de vaisseau, second ; MORIN (Pierre), enseigne de vaisseau.

Brick « Créole »

Disparu le 30 novembre 1823[2].

DE GOURDON (Charles), enseigne de vaisseau, commandant ; DUFOUR (François), enseigne de vaisseau, second ; LE FEBVRE

---

1. Bien que cela ne rentre pas dans le programme que nous nous sommes tracé, nous donnons, par curiosité, la liste de l'état-major et des officiers passagers de la frégate *la Méduse*, naufragée sur le banc d'Arguin, le 2 juillet 1816 :

État-major : MM. Du Roy de Chaumareys, capitaine de frégate, commandant ; J. Reynaud et J. Espiaux, lieutenants de vaisseau ; P. Lapeyrère, J. Maudet, V. Chaudière, enseignes de vaisseau ; J. Coudein, P. Bellot, P. Rang, G. Pouthier, aspirants de 1re classe ; B. Barbotin, élève de 1re classe de la Cie de Rochefort.

Officiers passagers : MM. N. Poinsignon, chef de bataillon ; A. Couraud, lieutenant au 2e d'artillerie ; Deschatelus, lieutenant du génie ; J. Lestruc, médecin ; B. Baignères, G. Dupont, capitaines ; B. Danglas, G. Lheureux, lieutenants ; P. Cléret, V. Lozach, sous-lieutenants ; F. Calvé, J. Aumarge, Savigny, aides-chirurgiens.

Aucun de ces officiers n'est porté, sur le rôle d'équipage de la *Méduse* (Arch. des Armements de Rochefort), comme ayant péri dans le naufrage.

2. Tout l'état-major était originaire de Brest, à l'exception de M. Genay, né à Lorient.

(Jean), enseigne de vaisseau ; Paris (Charles), chirurgien auxiliaire de 2e classe ; Genay (Maurice), écrivain de marine.

Gabarre « Bretonne »
Disparue le 30 août 1830 [1].

Galmiche, enseigne de vaisseau, auxiliaire, commandant ; Pain, chirurgien auxiliaire de 2e classe.

Canonnière=brick « Lilloise »
Disparue sur la côte du Groënland, en août ou septembre 1833.

Poret de Blosseville, lieutenant de vaisseau, commandant ; Le Pelletier d'Aulnay, lieutenant de frégate, second ; Rulhière (Jacques), lieutenant de frégate ; Lancrenon (Jean), écrivain d'administration ; Garnier (Jean), chirurgien de 3e classe.

Brick=aviso « Fabert »
Disparu en mer à la date présumée du 16 août 1835.

Pardeilhan-Mezin, lieutenant de vaisseau, commandant ; Meudic (Jules), enseigne de vaisseau, second ; Thierry (Jules), Robert de Rougemont (Alexandre), enseignes de vaisseau ; de Charon (Auguste), élève de 1re classe ; Fourré (Jean), commis de marine, commis d'administration ; Roy (Jean), chirurgien de 2e classe.

Goëlette « Estafette »
Disparue en février ou mars 1836.

Thomas de Saint-Laurent, lieutenant de vaisseau, commandant ; Dol, lieutenant de frégate, second ; Durand, lieutenant de frégate ; Cadière, Villagre de Saint-Vallière, élèves de

---

1. Ces deux officiers étaient originaires de Brest.

1re classe ; PELLISSIER, écrivain de marine ; PÉCOUL, chirurgien de 3e classe.

Gabarre « Désirée »

Disparue le 27 décembre 1838.

PLESSIS (Jean), enseigne de vaisseau auxiliaire, commandant ; SAIRON-MESSIS, enseigne de vaisseau.

Canonnière=brick « Vedette »

Présumée périe le 5 octobre 1841 [1].

HUCHÉ DE CINTRÉ (Marie), lieutenant de vaisseau, commandant ; REVELIÈRE (Jean), enseigne de vaisseau ; TOURNAFOND (Louis), élève de 1re classe ; DUPLESSIS D'ARGENTRÉ (Balthazar), volontaire ; RODICQ (Félix), écrivain de marine ; LE MESNAGER (Louis), chirurgien auxiliaire de 3e classe.

Brick=aviso « Dunois »

Disparu corps et biens le 3 septembre 1842.

VRIGNAUD (Sylvani), capitaine de corvette, commandant ; DUTHOYA (Jean), enseigne de vaisseau, second ; REISS (Charles), enseigne de vaisseau ; HAMONNO (Mathieu), DEBON (Émile), aspirants volontaires ; PLOMB (Hippolyte), écrivain de marine ; BILLEHEUST DE SAINT-GEORGES (Charles), chirurgien de 2e classe.

Aviso « Papin »

Naufragé sur les côtes du Maroc, le 6 décembre 1845 [2].

FLEURIOT DE LANGLE, lieutenant de vaisseau, commandant ;

---

1. Pour les officiers morts dans le naufrage de la *Marne* (1841) et les officiers de ce navire survivants, voir appendice XVII.

2. Dans le naufrage du *Papin*, 23 marins, 35 soldats et 5 passagers civils furent noyés ; 76 personnes furent sauvées. Seul de l'état-major, l'aspirant-volontaire de Saint-Pierre échappa au naufrage.

DIEUL, enseigne de vaisseau, second ; HÉREUTE, VICARD, enseignes de vaisseau ; CHARBONNIER, commissaire ; BROC, chirurgien ; ALBERT, lieutenant de voltigeurs ; DUBRU, garde du génie.

Goëlette « Doris »

Chavirée en rade de Brest, le 19 septembre 1845.

(Voir aux commandants : lieutenant de vaisseau LEMOINE.)

Aviso « Colibri »

Chaviré à Madagascar en 1845.

(Voir aux commandants : enseigne de vaisseau ORCEL.)

Corvette « Berceau »

Disparue dans un cyclone, près de la Réunion, dans la nuit du 12 au 13 décembre 1846.

GOUT (Jean), capitaine de corvette, commandant ; DE DURAND D'UBRAYE (Louis), lieutenant de vaisseau, second ; LE COAT (Martial), lieutenant de vaisseau ; BIANCHON (Louis), GÉRIN-ROZE (Claude), LE FRANÇOIS DE GRAINVILLE (Ernest), enseignes de vaisseau ; JACQUES (Jacques), élève de 1re classe ; DU GRATET DU BOUCHAGE (Louis), élève de 2e classe ; THÉVENIN (Louis), commis de marine ; PERRUSSEL (François), chirurgien de 2e classe ; LALIGNE (Auguste), chirurgien auxiliaire de 3e classe.

Brig-aviso « Pandour »

Disparu en 1848. (Ce bâtiment était parti de Montévidéo le 17 juillet 1848, pour rentrer en France.)

DU PARCQ (Jérôme), capitaine de frégate, commandant ; LAINÉ (Joseph), TAILHADES (Joseph), POIRIER (Isidore), enseignes de vaisseau ; BOURGOIN (Étienne), élève de 2e classe ; BOIS-

TARD (Alphonse), commis d'administration auxiliaire ; MALIN-JOUD (Louis), chirurgien major ; ROY DE LA CHAISE (Louis), TISSEYRE (Antoine), élèves volontaires.

Frégate « Sémillante »

Perdue sur les roches du détroit de Bonifacio, dans la nuit du 15 février 1855[1].

JUGAN, capitaine de frégate, commandant ; BERNARD, lieutenant de vaisseau, second ; DENANS, lieutenant de vaisseau ; LA-HALLE, enseigne de vaisseau ; LENOBLE, sous-commissaire ; LE BAS, chirurgien de 2e classe ; MICHEL, aspirant de 1re classe ; BOLZINGER, lieutenant au 3e régiment d'artillerie ; MAISON-NEUVE, lieutenant au 76e régiment d'infanterie ; ANDROT, sous-lieutenant au 78e régiment d'infanterie.

Canonnière « Étincelle »

Disparue corps et biens en se rendant en Chine, par le cap de Bonne-Espérance, en 1861.

HAMON (Théodore), lieutenant de vaisseau, commandant ; AMIC (Pierre), enseigne de vaisseau, second ; GOURMIT (Émile), enseigne de vaisseau ; ESTRADE (Jean), DECHARME (Pierre), aspirants de 1re classe ; BARON (François), commis de marine ; FOURCY (Jean), chirurgien de 2e classe.

Corvette « Monge »

Disparue dans un cyclone sur la côte d'Annam, au large de Tourane, dans les premiers jours de novembre 1868.

CHARLEMAGNE, capitaine de frégate, commandant ; LAMPERIÈRE (Octave), enseigne de vaisseau, second ; ROMAGNY (Ernest),

---

1. Dans le naufrage de la *Sémillante* 292 marins et 390 soldats périrent.
La liste complète de l'équipage et des passagers se trouve dans le *Moniteur de la flotte* du 18 mars 1855. (Pour les détails et rapports, voir les *Annales maritimes* de 1855, volume I.)

BOUTEILLE (Eugène), LE CONTE DE TEIL (Gaston), enseignes de vaisseau; LEGENDRE (Jean), aspirant de marine; OUTRÉ (Ernest), aide-commissaire; BUISSON (Joseph), médecin de 2ᵉ classe.

Corvette « Gorgone »

Perdue à l'entrée de Brest, sur les Pierres-Noires, dans la nuit du 18-19 décembre 1869.

MAGE, lieutenant de vaisseau, commandant; LE BRONSTER, lieutenant de vaisseau, second; MONNERON, DONLIEU, NAPIAS, enseignes de vaisseau; BANON, commis de marine; VALLON, médecin de 2ᵉ classe.

Aviso « Renard »

Disparu dans le golfe d'Aden, pendant le cyclone du 3 juin 1885.

PEYROUTON LAFFONT DE LADEBAT, capitaine de frégate, commandant; DE ROTROU, lieutenant de vaisseau, second; LAMBINET, MARCADÉ, HÉLIÈS, enseignes de vaisseau; BARATTE, aide-commissaire; SAINT-PIERRE, médecin de 2ᵉ classe.

NOTA. — En récapitulant les pertes, par naufrages, indiquées dans les appendices XVII et XVIII, on trouve qu'elles s'élèvent, depuis 1817, à 131 officiers de marine et à environ 2,000 matelots. 5 officiers de l'armée de terre et 413 soldats ont également trouvé la mort dans les naufrages du *Papin* et de la *Sémillante*.

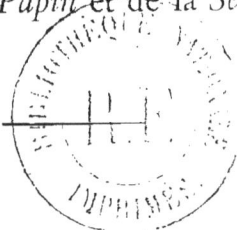

TABLE DES MATIÈRES

Nancy, impr. Berger-Levrault et Cⁱᵉ.

www.ingramcontent.com/pod-product-compliance
Lightning Source LLC
Chambersburg PA
CBHW072235270326
41930CB00010B/2141